学ぶ人は、変えてゆく人だ。

目の前にある問題はもちろん、

人生の問いや、

社会の課題を自ら見つけ、

挑み続けるために、人は学ぶ。

「学び」で、

少しずつ世界は変えてゆける。

いつでも、どこでも、誰でも、

学ぶことができる世の中へ。

旺文社

JN040756

もくじ

社会情勢の変化により，掲載内容に違いが生じる事柄があります。
弊社ホームページ『知っておきたい時事ニュース』をご確認ください。
https://service.obunsha.co.jp/tokuten/jiji_news/

1日目 世界と日本の姿，人々の生活と環境

基礎問題

解答 ➡ 別冊解答2ページ

1 世界の姿

① 地球の表面積を10とした場合の陸地と海洋の面積比は何対何ですか。

〔　　　　対　　　　〕

② 右の地図のA・Bの大陸をそれぞれ何といいますか。

A〔　　　　　　　〕　B〔　　　　　　　〕

③ 地図のC・Dの海洋をそれぞれ何といいますか。

C〔　　　　　　　〕　D〔　　　　　　　〕

④ 地図のE〜Gのうち，実際の長さ(距離)が最も短いものはどれですか。

〔　　　　　　　〕

⑤ 0度の緯線を何といいますか。

〔　　　　　　　〕

⑥ 地図のAの大陸にある州は，アジア州と何州ですか。

〔　　　　　　　〕

⑦ 地図のHの大陸が含まれる州を何といいますか。

〔　　　　　　　〕

2 日本の姿

⑧ 日本の国土面積は約何万km²ですか。

〔約　　　　　万km²〕

⑨ 日本の北の端にあたる島は何ですか。

〔　　　　　　　〕

⑩ 沿岸国が水産資源や鉱産資源を利用する権利を持つ，海岸線から200海里までの，領海を除く水域を何といいますか。

〔　　　　　　　〕

⑪ 日本の領土でありながら，韓国に不法に占拠されている島根県の島を何といいますか。

〔　　　　　　　〕

⑫ 日本の標準時子午線の経度は何度ですか。

〔　　　　　　　〕

世界の姿

よくでる 正距方位図法

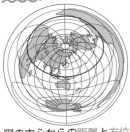

図の中心からの距離と方位が正しい。

くわしく さまざまな国境線

経線に沿った直線の国境線
緯線に沿った直線の国境線

川に沿った国境線

日本の姿

よくでる 日本の領域

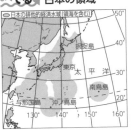

よくでる 7地方区分

⑬ 経度差が何度で1時間の時差になりますか。

〔　　　　　　　〕

⑭ 本初子午線（0度の経線）が通るロンドンが現地の時間で1月20日午後5時のとき，日本の日時を書きなさい。

〔　　　　　　　〕

⑮ 大阪，京都の2府があるのは，7地方区分のうち，どの地方ですか。

〔　　　　　　　〕

⑯ 北海道の道庁が置かれている都市はどこですか。

〔　　　　　　　〕

3 人々の生活と環境

⑰ 右の地図のAの地域の，1年じゅう高温で年降水量が多い気候帯は何ですか。

〔　　　　　　　〕

⑱ 地図のBの地域の，降水量が少なく，砂漠が広がる気候帯は何ですか。

〔　　　　　　　〕

⑲ 砂漠の中で水がわき，集落や耕地がある地域を何といいますか。

〔　　　　　　　〕

⑳ 地図のCの地域の，四季の変化が見られる気候帯は何ですか。

〔　　　　　　　〕

㉑ 冷帯〔亜寒帯〕に見られる針葉樹の森林を何といいますか。

〔　　　　　　　〕

㉒ アンデス山脈の高地などに見られる，同緯度の低地に比べて気温が低い気候を何といいますか。

〔　　　　　　　〕

㉓ 信者が聖地メッカに向かい，1日に5回礼拝する宗教は何ですか。

〔　　　　　　　〕

㉔ クリスマスなどの行事がある，世界で最も信者が多い宗教は何ですか。

〔　　　　　　　〕

㉕ おもに東南アジアや東アジアで信仰されている，「経」を教典とする三大宗教の1つは何ですか。

〔　　　　　　　〕

㉖ インドの国民の約80％が信仰している宗教は何ですか。

〔　　　　　　　〕

人々の生活と環境

資料　世界の気候グラフ
（「理科年表2021」他）

▼熱帯（ナンディ）
年平均気温 25.2℃
年降水量 1929.0 mm

1年じゅう高温で，降水量が多い。

▼乾燥帯（リヤド）
年平均気温 26.6℃
年降水量 139.5 mm

降水量が少ない。砂漠や乾燥した草原が広がる。

▼温帯（東京）
年平均気温 15.4℃
年降水量 1528.8 mm

温和で，四季の変化がある。

▼冷帯（亜寒帯）（イルクーツク）
年平均気温 0.9℃
年降水量 478.5 mm

長い冬と短い夏がある。タイガが広がる。

▼寒帯（バロー）
年平均気温 -11.2℃
年降水量 115.9 mm

1年じゅう雪と氷に閉ざされた寒冷な気候。

▼高山気候（ラパス）
年平均気温 8.6℃
年降水量 816.5 mm

標高が高い地域に見られる，気温が低い気候。

世界と日本の姿，人々の生活と環境

基礎力確認テスト

解答 ➜ 別冊解答2ページ

1 右の地図を見て，次の問いに答えなさい。[8点×2]〈北海道〉

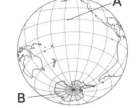

(1) Aはハワイ島を示している。世界の3つの海洋(三大洋)のうち，ハワイ島が囲まれている海洋の名を書きなさい。

（　　　　　　　）

(2) Bの大陸の名を書きなさい。（　　　　　　　）

2 右の地図は，中心からの距離と方位が正しい地図であり，その中心を東京に置いている。地図中の破線(--------)は，東京から真北の方向に直進して地球を一周し，東京に戻るコースを想定して引いたものである。東京から地図中の矢印(**↑**)の向きにこのコースを直進し，地球を一周して戻ってくる場合に，最後に通過する大陸はどれか，次の**ア～エ**から1つ選び，記号で答えなさい。また，地図中の点線(⋯⋯⋯⋯)で引かれた緯線のうち，赤道はどれか，地図中で，赤道にあたる点線をなぞって実線(━━━)で示しなさい。[8点×2]〈京都〉

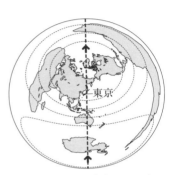

（　　　　　　　）

ア オーストラリア大陸　　**イ** 南アメリカ大陸　　**ウ** アフリカ大陸　　**エ** 南極大陸

3 右の地図を見て，次の問いに答えなさい。[8点×3]〈高知・改〉

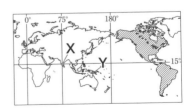

(1) 地図中の • 印**X**は，インドのある地域を示している。地図中の • 印**X**の位置の緯度，経度を，次の**ア～エ**から1つ選び，記号で答えなさい。（　　　　　　　）

ア 北緯15度 東経75度　　**イ** 北緯15度 西経75度
ウ 南緯15度 東経75度　　**エ** 南緯15度 西経75度

(2) 地図中に █████ で示した**Y**の国の自然や文化と結び付いた伝統的な住居を，次の**ア～エ**から1つ選び，記号で答えなさい。

（　　　　　　　）

ア 日干しレンガでつくられた住居　　**イ** 湖のほとりに生える草でつくられた住居
ウ 羊毛のフェルトでつくられた移動に便利な住居
エ 木材でつくられた風通しがよい高床式の住居

(3) 地図中の ⬭ で示した大陸の住民の最も多くが信仰している宗教を，次の**ア～エ**から1つ選び，記号で答えなさい。

（　　　　　　　）

ア イスラム教　　**イ** キリスト教　　**ウ** ヒンドゥー教　　**エ** 仏教

4 次の問いに答えなさい。[7点×4]

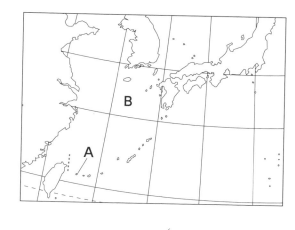

(1) 右の地図中の**A**は日本の西端の島である。**A**の島の名前を次から1つ選び，記号で答えなさい。〈富山〉

　　ア 南鳥島　　**イ** 与那国島
　　ウ 沖ノ鳥島　　**エ** 択捉島

　　　　　　　　　　（　　　　）

(2) 地図中の**B**は，九州と南西諸島，中国南部，台湾，朝鮮半島に囲まれた海である。**B**の海の名称を書きなさい。〈静岡〉

　　　　　　　　　　　　　　（　　　　　　　　　　　）

(3) 日本時間の1月6日午後1時に，日本に住む久子さんはサンフランシスコに留学した修二さんに電話をした。この時のサンフランシスコの日付と時間帯の組み合わせとして，最も適切なものを次から1つ選び，記号で答えなさい。ただし，サンフランシスコの標準時は西経120度を基準とする。〈長崎〉

　　ア 1月5日の朝　　**イ** 1月7日の朝
　　ウ 1月5日の夜　　**エ** 1月7日の夜　　　　　　　　　　（　　　　）

(4) 日本を7地方に区分したとき，関東地方と接する東北地方の県が1県ある。その県名を書きなさい。〈和歌山〉

　　　　　　　　　　　　　　　　　　　　　　　　（　　　　　　　　　　　）

5 右の地図を見て，次の問いに答えなさい。[8点×2]〈沖縄〉

(1) 右の地図の説明として誤っているものを次からすべて選び，記号で答えなさい。

　　　　　　　　　　（　　　　　　　）

緯線と経線が直角に交わる地図

　　ア 東京より船を利用して，経線に沿って平行に進めばアメリカ合衆国西海岸に到達できる。

　　イ 赤道より北極・南極に向かうにしたがって，面積は実際よりも大きくあらわされる。

　　ウ 赤道上に示された太線**X**の距離と，太線①の距離は等しくない。

　　エ 太線②は東京からアメリカ合衆国西海岸への最短距離である。

(2) 右の図は，地図中の**Y**地点のような永久凍土の分布する地域でみられる建物の模式図である。寒さを防ぐ目的以外に建物を高床式にする理由を1つ答えなさい。

　　（

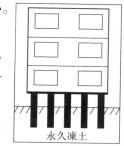

永久凍土

　　　　　　　　　　　　　　　　　　　　）

2 世界の諸地域

基礎問題

解答 ➡ 別冊解答3ページ

1 アジア州の国々

① アジア地域の気候に大きな影響をおよぼす，夏は雨季を，冬は乾季をもたらす風を何といいますか。

〔　　　　　　　　　〕

② 10億を超える人口を背景に，工業製品を大量生産して世界各国に輸出し，「世界の工場」とよばれる国はどこですか。

〔　　　　　　　　　〕

③ ②の国が，外国の企業を誘致し，資金や技術を導入するために設けた5地区を何といいますか。

〔　　　　　　　　　〕

④ 東南アジアの10か国が，経済・社会・政治などの分野で協力するためにつくっている地域組織は何ですか。

〔　　　　　　　　　〕

⑤ ペルシャ湾岸諸国で生産がさかんな鉱産資源は，天然ガスと何ですか。

〔　　　　　　　　　〕

2 ヨーロッパ州の国々

⑥ 西ヨーロッパの気候に大きな影響をおよぼす，1年じゅう西から東へ吹く風は何ですか。

〔　　　　　　　　　〕

⑦ フランスやイタリアなど，ヨーロッパ南部の国々で使われている言語をまとめて何といいますか。

〔　　　　　　　　　〕

⑧ 地中海沿岸で行われている，ぶどうやオリーブなどの樹木作物と小麦を栽培する農業を何といいますか。

〔　　　　　　　　　〕

⑨ EU〔ヨーロッパ連合〕の共通通貨を何といいますか。

〔　　　　　　　　　〕

アジア州の国々

資料 米と小麦の国別生産量割合(2018年)

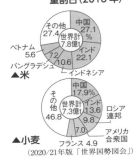

▲米

▲小麦
(2020/21年版「世界国勢図会」)

資料 アジア諸国の輸出品

▲中国 輸出額2兆4942億ドル
機械類43.8%　衣類6.3　繊維品4.8　金属製品3.8　その他38.0

▲インドネシア 輸出額1802億ドル
石炭13.3%　パーム油9.2　自動車4.2　8.2　その他60.1　機械類　衣類5.0

▲インド 輸出額3225億ドル
石油製品14.9%　機械類10.4　自動車5.4　7.9　ダイヤモンド　繊維品5.6　その他55.8

▲サウジアラビア 輸出額2076億ドル
原油65.6%　石油製品11.4　有機化合物3.7　プラスチック6.8　機械類1.3　その他11.2
(2018年、※は2016年)
(2020/21年版「世界国勢図会」)

ヨーロッパ州の国々

注意! ヨーロッパの農業
・混合農業…小麦・大麦などの栽培と牛などの飼育を組み合わせた農業。
・地中海式農業…夏の乾燥に強いぶどう・オリーブや，冬の降水を利用して小麦を栽培する農業。

注意! EU加盟国
2020年,イギリスが離脱し,加盟国数は27か国(2020年現在)になった。

3 アフリカ州の国々

⑩ アフリカの多くの国々は，かつてヨーロッパ諸国の何として支配を受けましたか。

〔　　　　　　　　　〕

⑪ カカオやレアメタル〔希少金属〕など，特定の農産物や鉱産資源の輸出にたよる経済を何といいますか。

〔　　　　　　　　　〕

4 北アメリカ州の国々

⑫ アメリカ合衆国で最も人口が多く，世界の政治・経済の中心となっている都市はどこですか。

〔　　　　　　　　　〕

⑬ カリブ海諸国などからアメリカ合衆国に移住し，おもにスペイン語を話す人々を何といいますか。

〔　　　　　　　　　〕

⑭ サンフランシスコ近郊にある，情報通信技術(ICT)関連産業が集中している地区を何といいますか。

〔　　　　　　　　　〕

5 南アメリカ州の国々

⑮ 小麦の栽培や牛の放牧がさかんなラプラタ川下流の草原を何といいますか。

〔　　　　　　　　　〕

⑯ 南アメリカの多くの国々の公用語となっているヨーロッパの言語は何ですか。

〔　　　　　　　　　〕

⑰ ブラジルで生産がさかんな，さとうきびを原料とするアルコール燃料を何といいますか。

〔　　　　　　　　　〕

6 オセアニア州の国々

⑱ オーストラリアから日本が多く輸入している鉱産資源は，液化天然ガス，鉄鉱石と何ですか。

〔　　　　　　　　　〕

⑲ オーストラリアの先住民を何といいますか。

〔　　　　　　　　　〕

北アメリカ州の国々

注意! アメリカ合衆国の工業地域

- サンベルト…北緯37度以南。先端技術〔ハイテク〕産業がさかん。
- シリコンバレー…サンフランシスコ近郊。情報通信技術(ICT)関連産業がさかん。

資料 おもな農作物の国別輸出量割合（2017年）

ロシア連邦 16.8%	アメリカ合衆国 13.9	カナダ 11.2	11.2	8.8	その他 38.1

▲小麦　オーストラリア──ウクライナ

インド 27.1%	タイ 26.1	13.1	その他 20.3

アメリカ合衆国 7.3

▲米　ベトナム──パキスタン 6.1

アルゼンチン──ウクライナ

アメリカ合衆国 32.9%	ブラジル 18.1	14.7	12.0	その他 19.1

▲とうもろこし　ロシア連邦 3.2

（2020/21年版「世界国勢図会」）

南アメリカ州・オセアニア州の国々

資料 南アメリカの言語

ベネズエラ
エクアドル
ペルー
ブラジル
ボリビア
チリ
アルゼンチン

各国のおもな言語
- スペイン語
- ポルトガル語
- 英語
- フランス語
- オランダ語

資料 おもな国の輸出品（2018年）

鉄鉱石──機械類

大豆 13.8%	原油 10.5	8.4	7.7	その他 53.6

肉類 6.0

▲ブラジル　輸出額2399億ドル

肉類 3.9

鉄鉱石 21.1%	石炭 18.8	8.5	その他 41.8

液化天然ガス──金（非貨幣用）5.9

▲オーストラリア※
※2017年　輸出額2302億ドル

（2020/21年版「世界国勢図会」）

世界の諸地域

得点

／100点

基礎力確認テスト

解答 ➡ 別冊解答3ページ

1 右の**表1**を見て，次の問いに答えなさい。[13点×6]〈大分・改〉

(1) **資料1**は，**表1**中の6州について，人口とGDP（国内総生産）の割合をそれぞれ表したものである。アジアとアフリカに当てはまるものを，**資料1**中の**A～F**からそれぞれ1つずつ選び，記号で答えなさい。

アジア（　　　）　アフリカ（　　　）

表1

州名	調べたテーマ
ヨーロッパ	a EU加盟国に住む人々のくらし
アフリカ	民主化や b 経済の課題
オセアニア	他地域との結びつき
アジア	急速な成長とくらしの変化
北アメリカ	世界中に影響をあたえる c 産業
南アメリカ	d 進む開発と人々のくらし

(2) 下線部**a**に関連して，現在の加盟国やその人々についての説明として誤っているものを，次の**ア～エ**から1つ選び，記号で答えなさい。　（　　　）

ア 航空機の生産では国を超えた技術協力が行われ，加盟国の分業による生産が行われている。

イ 共通通貨のユーロがすべての加盟国に導入され，どの国でも両替せずに簡単に買い物ができる。

ウ 加盟国間での経済格差が広がっており，所得が低い国には多くの補助金が支給されている。

エ 多くの加盟国間では国境でパスポートの検査がなく，国境を自由に行き来することができる。

資料1

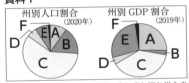

州別人口割合（2020年）　州別GDP割合（2019年）

※2つのグラフ中のA～Fは，それぞれ同じ州を表す（2021年版「データブック オブ・ザ・ワールド」他）

(3) 下線部**b**に関連して，次の文はアフリカの2つの国の貿易の特徴についてまとめたものである。**資料2**を参考にして，文中の　**G**　に当てはまる内容を，簡潔に書きなさい。

（　　　　　　　　　　　　　　　）

資料2　アフリカの2か国の輸出額の内訳

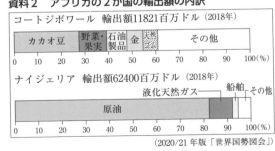

コートジボワール　輸出額11821百万ドル（2018年）

ナイジェリア　輸出額62400百万ドル（2018年）

（2020/21年版「世界国勢図会」）

　資料2から，2つの国の貿易は，輸出額の多くがわずかな種類の商品作物や鉱産資源で占められていることがわかる。こうした商品作物や鉱産資源は，工業製品に比べ，　**G**　しやすいために，これらの輸出にたよる国では，毎年安定した収入を得ることが難しいという問題をかかえている。

(4) 下線部 **c** に関連して，次の**表2**は**地図1**にあるアメリカ合衆国の5つの地域(太平洋岸，J，K，L，M)の工業生産額割合の変化を表したものである。**表2**中の**ア**～**エ**には，J～Mのいずれかの地域が当てはまる。**イ**の地域に当てはまるものを，**地図1**中のJ～Mから1つ選び，記号で答えなさい。　　　　(　　　)

地図1

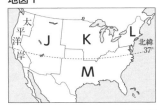

表2

年＼地域	太平洋岸	ア	イ	ウ	エ	計
1960	10.9	31.6	20.2	1.7	35.6	100(%)
2016	13.2	12.2	37.9	4.1	32.6	100(%)

(2021年版「データブック オブ・ザ・ワールド」)

(5) 下線部 **d** に関連して，**地図2**中に[斜線]で示したブラジルでは，石油に代わるエネルギー源として，さとうきびを原料とする燃料の開発が進んでいる。このように，植物から作られ，二酸化炭素の排出量をおさえることにつながる燃料を何というか，書きなさい。　(　　　　　　　　　　　)

地図2

2 次の問いに答えなさい。[11点×2]〈兵庫・改〉

(1) 次の表は，2017年の米と小麦の生産量，輸出量のそれぞれ上位7か国を示している。表の読み取りとそれに関連する事柄について述べたあとの文の下線部**ア**～**エ**のうち適切でないものを1つ選び，記号で答えなさい。

(　　　)

米の生産(千t)

中国	212,676
インド	168,500
インドネシア	81,149
バングラデシュ	54,148
ベトナム	42,764
タイ	32,688
ミャンマー	25,625
世界計	769,829

小麦の生産(千t)

中国	134,334
インド	98,510
ロシア	86,003
アメリカ合衆国	47,380
フランス	38,678
オーストラリア	31,819
カナダ	29,984
世界計	773,477

米の輸出(千t)

インド	12,061
タイ	11,616
ベトナム	5,812
アメリカ合衆国	3,266
パキスタン	2,737
中国	1,173
ミャンマー	1,059
世界計	44,519

小麦の輸出(千t)

ロシア	33,026
アメリカ合衆国	27,299
カナダ	22,062
オーストラリア	21,986
ウクライナ	17,314
フランス	15,229
アルゼンチン	13,099
世界計	196,789

(2020/21年版「世界国勢図会」)

　　世界の米と小麦の生産量はほぼ同じであるが，ア輸出量は小麦の方が多い。米の生産は，アジア州の国が上位を占め，米はイ主食として多くの人口を支えている。一方，小麦の生産は，世界のなかでウ面積の広い国が上位を占め，企業的な農業が行われている。小麦の生産と輸出の上位の国には重なりが多く，これらの国がエ世界の小麦の価格に与える影響は小さい。

(2) 右の図は，2018年の日本，EU(28か国)，アメリカ合衆国，S間の貿易額を示している。Sには中国，オーストラリア，ブラジルのいずれかが入る。Sに入る国名を書きなさい。

(　　　　　　　　　　　)

(単位 百万ドル)

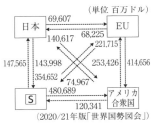

(2020/21年版「世界国勢図会」)

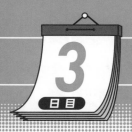

3日目 身近な地域の調査，日本の自然環境の特色

学習日　　月　　日

基礎問題

解答➲別冊解答４ページ

1 身近な地域の調査

① 野外観察のことをカタカナで何といいますか。

〔　　　　　　　　〕

② 地図に表すために実際の距離(きょり)を縮小した割合のことを何といいますか。

〔　　　　　　　　〕

③ ２万５千分の１地形図の等高線は標高何ｍおきに引かれていますか。

〔　　　　　　　　ｍ〕

④ Ｑの地図記号が示すものは何ですか。

〔　　　　　　　　〕

⑤ ５万分の１地形図上の２cm の実際の距離は何 km ですか。

〔　　　　　　　　km〕

2 地形から見た日本の特色

⑥ 太平洋を取り囲む高くけわしい山脈が連なる造山帯は何ですか。

〔　　　　　　　　〕

⑦ ヨーロッパからインドネシアの島々へ続く造山帯は何ですか。

〔　　　　　　　　〕

⑧ 飛驒(ひだ)山脈，木曽(きそ)山脈，赤石(あかいし)山脈を合わせて何とよびますか。

〔　　　　　　　　〕

⑨ ⑧の山脈の東にほぼ南北にのびる，「大きな溝」という意味の地帯を何といいますか。

〔　　　　　　　　〕

⑩ 川が山間部から平野や盆地(ぼんち)に出た所に土砂(どしゃ)が積もってできる扇形(おうぎ)の地形を何といいますか。

〔　　　　　　　　〕

⑪ 川の河口部に土砂が積もってできた地形を何といいますか。

〔　　　　　　　　〕

身近な地域の調査

くわしく　おもな地図記号

◎	市役所（東京23区の区役所）
文	小・中学校
☼	工場
⛩	神社
卍	寺院
‖	田
∨	畑
○	果樹園
Q	広葉樹林
Λ	針葉樹林

よくでる　実際の距離

実際の距離＝地図上の長さ×縮尺の分母

地形から見た日本の特色

よくでる　日本の山地・山脈

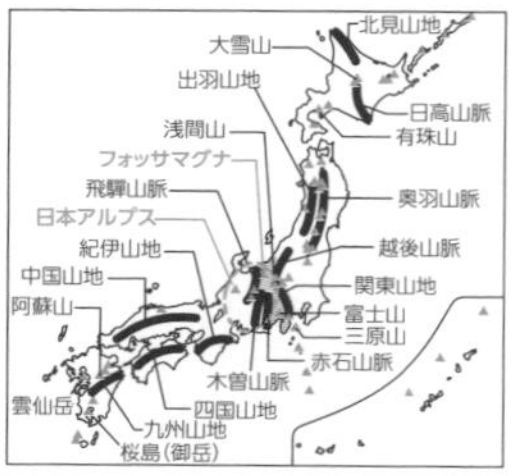

よくでる　日本の近海の海流

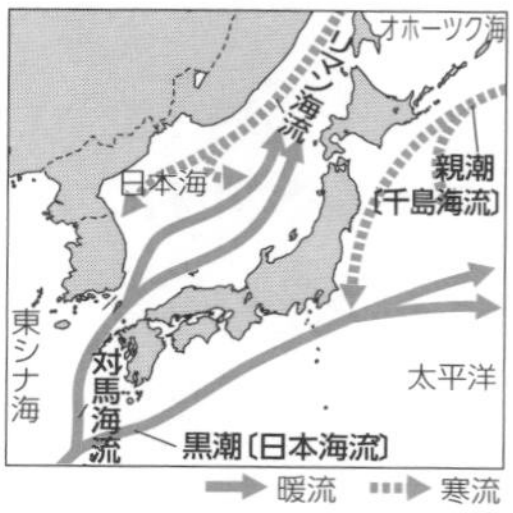

⑫ 三陸海岸の南部などに見られる，奥行きのある湾と岬が連続する海岸を何といいますか。

〔　　　　　　　　　〕

⑬ 日本列島の周囲に見られる，深さが約200メートルまでの平たんな海底を何といいますか。

〔　　　　　　　　　〕

⑭ 日本の太平洋沖などに見られる，深く落ちくぼんだ細長い海底の地形を何といいますか。

〔　　　　　　　　　〕

⑮ 日本の太平洋沖を南下する寒流を何といいますか。

〔　　　　　　　　　〕

⑯ 日本の太平洋沖を北上する暖流を何といいますか。

〔　　　　　　　　　〕

⑰ 東日本の太平洋沖で⑮と⑯がぶつかる場所を何といいますか。

〔　　　　　　　　　〕

3 気候から見た日本の特色

⑱ 夏は太平洋側から，冬はユーラシア大陸から日本列島に吹く風を何といいますか。

〔　　　　　　　　　〕

⑲ 5～7月の雨の多い時期を何といいますか。

〔　　　　　　　　　〕

⑳ 夏から秋にかけて日本を通過することの多い，発達した熱帯低気圧を何といいますか。

〔　　　　　　　　　〕

4 日本の自然災害

㉑ 2011年3月11日に東北地方の太平洋沖で発生した大地震にともなう震災を何といいますか。

〔　　　　　　　　　〕

㉒ ㉑の震災で沿岸部に大きな被害をもたらした自然災害は何ですか。

〔　　　　　　　　　〕

㉓ 東北地方で，やませの影響で夏に低温・日照不足になり，稲の生育が悪くなるなどの災害を何といいますか。

〔　　　　　　　　　〕

㉔ 都道府県や市区町村が作成している，自然災害を予測した地図を何といいますか。

〔　　　　　　　　　〕

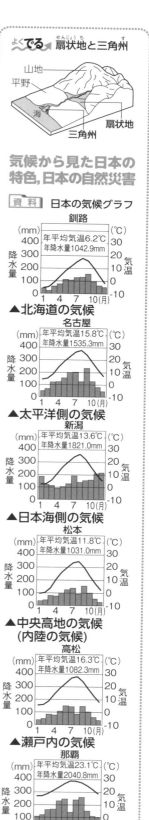

よくでる　扇状地と三角州

山地
平野
海
三角州
扇状地

気候から見た日本の特色，日本の自然災害

資料　日本の気候グラフ

釧路
(mm) 年平均気温6.2℃ (℃)
400 年降水量1042.9mm 30
降 300 20 気
水 200 10 温
量 100 0
0 1 4 7 10(月) -10
▲北海道の気候

名古屋
(mm) 年平均気温15.8℃ (℃)
400 年降水量1535.3mm 30
降 300 20 気
水 200 10 温
量 100 0
0 1 4 7 10(月) -10
▲太平洋側の気候

新潟
(mm) 年平均気温13.6℃ (℃)
400 年降水量1821.0mm 30
降 300 20 気
水 200 10 温
量 100 0
0 1 4 7 10(月) -10
▲日本海側の気候

松本
(mm) 年平均気温11.8℃ (℃)
400 年降水量1031.0mm 30
降 300 20 気
水 200 10 温
量 100 0
0 1 4 7 10(月) -10
▲中央高地の気候
（内陸の気候）

高松
(mm) 年平均気温16.3℃ (℃)
400 年降水量1082.3mm 30
降 300 20 気
水 200 10 温
量 100 0
0 1 4 7 10(月) -10
▲瀬戸内の気候

那覇
(mm) 年平均気温23.1℃ (℃)
400 年降水量2040.8mm 30
降 300 20 気
水 200 10 温
量 100 0
0 1 4 7 10(月) -10
▲南西諸島の気候
（「理科年表2021」）

身近な地域の調査，日本の自然環境の特色

基礎力確認テスト

解答 ➡ 別冊解答4ページ

1 右の地形図を見て，次の**ア～エ**から正しいものを1つ選び，記号で答えなさい。 ［9点］〈茨城〉

（　　　　）

ア　Aの神社は，標高100 mより高い位置にある。

イ　Bの地図記号は，広葉樹林を表すものである。

ウ　Cの寺院からDの郵便局までは地図上で2 cmなので，実際は1 km離れている。

エ　Eでは，道路の下を川が流れている。

（国土地理院発行2万5千分の1地形図「養老」より作成）

2 次の問いに答えなさい。［8点×4］〈福井・改〉

(1) **資料1**から読み取れる日本の川の特徴を，世界の川と比較して，次の空欄を埋める形で書きなさい。

　日本の川は，（　　　　　　　　　　）。

（
　　　　　　　　　　　　　　　　　　　　　　）

資料1

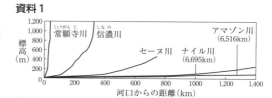

(2) **資料2**は，中国・四国地方の3つの都市の雨温図である。高松の年降水量が鳥取や高知と比べて少ない理由について，次の文の（　）に高松の地形の特徴を書いて完成させなさい。

　高松の年降水量が少ないのは，（　　　）からである。

（
　　　　　　　　　　　　　　　　　　　　　　）

資料2

気温　鳥取　降水量　気温　高松　降水量　気温　高知　降水量

（「理科年表2021」）

(3) **資料3**は，日本にある世界遺産の中の4つの場所を示したものである。白神山地と知床がある場所を，A～Dから1つずつ選び，記号で答えなさい。

白神山地（　　　）　知床（　　　）

資料3

3 右の地図を見て，次の問いに答えなさい。[9点×3]〈新潟・改〉

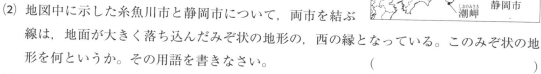

(1) 地図中の矢印は，ある海流のおおよその位置を示したものである。この海流の名称と，海水温による分類の組み合わせとして，最も適当なものを，次の**ア**〜**エ**から1つ選び，記号で答えなさい。　　　　（　　　）

ア 千島海流，寒流　　**イ** 千島海流，暖流
ウ 対馬海流，寒流　　**エ** 対馬海流，暖流

(2) 地図中に示した糸魚川市と静岡市について，両市を結ぶ線は，地面が大きく落ち込んだみぞ状の地形の，西の縁となっている。このみぞ状の地形を何というか。その用語を書きなさい。（　　　　　）

(3) 右の表は，気象観測地点である潮岬，高山，輪島について，それぞれの1月と8月の気温と降水量の月別平年値を示したものであり，表中の**A**〜**C**は，これらの三つの地点のいずれかである。**A**〜**C**について述べた文として，正しいものを，次の**ア**〜**エ**から1つ選び，記号で答えなさい。

	気温(℃)		降水量(mm)	
	1月	8月	1月	8月
A	−1.4	24.1	97.2	165.1
B	3.1	25.7	212.3	155.8
C	8.2	27.0	99.7	233.2

（「理科年表 2021」）

（　　　）

ア Aは輪島，Bは潮岬である。　　**イ** Aは高山，Bは輪島である。
ウ Bは高山，Cは潮岬である。　　**エ** Bは輪島，Cは高山である。

4 次の問いに答えなさい。[8点×4]

(1) 扇状地について説明するときに使う模式図として最も適当なものを，右の**ア**〜**エ**から1つ選び，記号で答えなさい。ただし，図中の♂，Ⅱ印は，地図記号である。
〈愛媛〉　　　　　　（　　　）

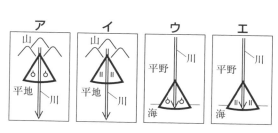

(2) 次の文中の①〜③に入る語句として適切なものを，それぞれあとの**ア**，**イ**から1つ選び，記号で答えなさい。〈兵庫〉

　日本では，2011年に発生した　①　の後，防災対策がより進められた。右の図は，地震に伴う　②　対策の標識の1つである。近い将来に発生が予測されている四国，紀伊半島から東海地方の沖合にある　③　の巨大地震では，大規模な　②　の被害が考えられており，身近な地域の自然環境の特徴などを知ることが重要である。

① **ア** 関東地震(関東大震災)　　**イ** 東北地方太平洋沖地震(東日本大震災)
② **ア** 火災　　　　　　　　　　**イ** 津波
③ **ア** 南海トラフ　　　　　　　**イ** 日本海溝

①（　　） ②（　　） ③（　　）

基礎問題

解答 ➡ 別冊解答5ページ

1 人口

① 1980年代から進んだ, 出生数が減り, 高齢者が増えたことで進んだ傾向を何といいますか。

〔　　　　　　　　　　〕

② 国や地域の一定面積あたりの人口を何といいますか。

〔　　　　　　　　　　〕

③ 人口が特に集中している東京, 名古屋, 大阪を中心とする地域を合わせて何とよびますか。

〔　　　　　　　　　　〕

④ 農村や漁村で人口の減少と高齢化が進み, 地域社会の維持が困難になることを何といいますか。

〔　　　　　　　　　　〕

2 資源・エネルギー

⑤ ペルシャ湾岸で多く産出されるエネルギー資源は何ですか。

〔　　　　　　　　　　〕

⑥ 石油, 石炭, 天然ガスを燃料とする発電を何といいますか。

〔　　　　　　　　　　〕

⑦ ウランを燃料とする発電を何といいますか。

〔　　　　　　　　　　〕

⑧ 水が落下する力を利用する発電を何といいますか。

〔　　　　　　　　　　〕

⑨ 再生可能エネルギーの1つで, おもに火山の近くで行われている発電は何ですか。

〔　　　　　　　　　　〕

3 産業

⑩ 高知平野や宮崎平野で行われている, なすやピーマンなどの出荷時期を早めるくふうをした栽培方法は何ですか。

〔　　　　　　　　　　〕

人口

資料 日本の人口ピラミッド

富士山型

(1935年)
※1
80
60
40
20
0
男　女
8 6 4 2 0 2 4 6 8 (%)

つりがね型

(1960年)
※2
80
60
40
20
男　女
8 6 4 2 0 2 4 6 8 (%)

つぼ型

(2019年)
※2
80
60
40
20
男　女
8 6 4 2 0 2 4 6 8 (%)

※1…80歳以上　※2…85歳以上
(2020/21年版「日本国勢図会」他)

資源・エネルギー

資料 おもな国の発電割合

水力 8.9%　地熱・新エネルギー 2.4
火力 85.5
▲※日本　　　　　　　原子力 3.1

9.8　13.0　70.9　6.3
▲フランス

62.9%　27.0　7.4
▲ブラジル　　2.7
(2017年)
※合計が100%になるように調整していない。
(2020/21年版「世界国勢図会」)

知っトク 再生可能エネルギー

太陽光, 風力, 地熱など, ほぼ無限で, 環境にやさしいエネルギー。

⑪ 八ヶ岳や浅間山の山ろくなどの高冷地で行われている，高原野菜の出荷時期を遅らせるくふうをした栽培方法は何ですか。

〔　　　　　〕

⑫ 大都市の郊外で野菜などを栽培・出荷する農業は何ですか。

〔　　　　　〕

⑬ 家畜を育て，人間の生活に必要な食料品，羽毛，皮革といった物資などを得る農業は何ですか。

〔　　　　　〕

⑭ 食料の国内消費量にしめる国内生産量の割合を何といいますか。

〔　　　　　〕

⑮ 網で仕切った海や湖で，魚や貝を大きくなるまで育ててとる漁業は何ですか。

〔　　　　　〕

⑯ 人工的にふ化させた稚魚，稚貝を海や川に放流し，大きく育ってからとる漁業は何ですか。

〔　　　　　〕

⑰ 関東地方から九州北部にかけて，工業地帯・地域がつらなる帯状の地域を何といいますか。

〔　　　　　〕

⑱ 愛知県を中心に広がり，自動車をはじめとする機械工業の出荷額割合がとくに高い工業地帯を何といいますか。

〔　　　　　〕

4 交通・通信

⑲ 原料を輸入し，工業製品を輸出する貿易を何といいますか。

〔　　　　　〕

⑳ 高速道路網の整備にともない，国内貨物・旅客輸送量の割合が高まった交通機関は何ですか。

〔　　　　　〕

㉑ ＩＣ〔集積回路〕などの小型・軽量で高価な工業製品や，生鮮食料品などの輸送に適した交通機関は何ですか。

〔　　　　　〕

㉒ 日本の空の玄関口となっている，千葉県の国際空港は何ですか。

〔　　　　　〕

㉓ 情報社会で欠かせないものになっている，世界的なコンピューターのネットワークを何といいますか。

〔　　　　　〕

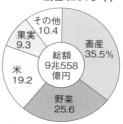

産業

資料　日本の農業産出額割合（2018年）

総額 9兆558億円
- 畜産 35.5%
- 野菜 25.6
- 米 19.2
- 果実 9.3
- その他 10.4

（2020/21年版「日本国勢図会」）

資料　日本の工業地帯・工業地域

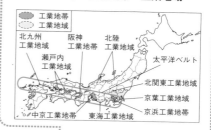

工業地帯
工業地域

北九州工業地域　阪神工業地帯　北陸工業地域
瀬戸内工業地域　太平洋ベルト
北関東工業地域
京葉工業地域
中京工業地帯　京浜工業地帯
東海工業地域

注意！　産業の分類
- 第1次産業…農林水産業。
- 第2次産業…鉱工業など。
- 第3次産業…商業，金融業，サービス業など。

知っトク　工場の立地
- 製鉄所・石油化学コンビナート…原料や製品を海上輸送→臨海部に立地。
- 機械工業…臨海部だけでなく，交通網が発達した内陸の工業団地にも立地。

交通・通信

資料　日本の貿易（2019年）

輸出 76.9兆円
機械類 36.8%　自動車 15.6　自動車部品 4.7　鉄鋼 4.0　その他35.7　プラスチック 3.2

輸入 78.6兆円
機械類 24.9%　石油 12.1　液化ガス 6.2　その他 48.8　衣類 4.1　医薬品 3.9

（2020/21年版「日本国勢図会」）

くわしく　輸送手段の特色

航空機	輸送時間が短い。小型・軽量の貨物と国際旅客の輸送に利用。
船	輸送時間が長い。重くてかさばる貨物の輸送に利用。

15

4日目

日本の人口，資源・エネルギー，産業，交通・通信の特色

基礎力確認テスト

1 次の問いに答えなさい。［10点×3］〈福井・改〉

(1) **資料1**は，名古屋港，神戸港，成田国際空港の主要貿易品とその割合を表したものである。名古屋港と成田国際空港に適するものを，A〜Cからそれぞれ1つずつ選び，記号で答えなさい。

名古屋港（　　　） 成田国際空港（　　　）

資料1　A

輸出品	％
プラスチック	6.3
建設・鉱山用機械	5.6
内燃機関	3.3
輸出総額 5 兆 5,571 億円	

輸入品	％
たばこ	6.8
衣類	6.5
無機化合物	4.2
輸入総額 3 兆 3,103 億円	

B

輸出品	％
自動車	26.3
自動車部品	16.7
内燃機関	4.3
輸出総額 12 兆 3,068 億円	

輸入品	％
液化ガス	8.4
石油	7.8
衣類	7.1
輸入総額 5 兆 849 億円	

C

輸出品	％
半導体等製造装置	8.1
科学光学機器	6.2
金（非貨幣用）	5.7
輸出総額 10 兆 5,256 億円	

輸入品	％
通信機	13.7
医薬品	12.3
コンピュータ	8.8
輸入総額 12 兆 9,560 億円	

（統計年度は 2019 年，2020/21 年版「日本国勢図会」）

(2) **資料2**は，1935 年，1960 年，2019 年の日本の人口ピラミッドを表したものである。**ア〜ウ**を，年代の古いものから順に記号で答えなさい。（　　→　　→　　）

資料2

※1…85歳以上　※2…80歳以上
（2020/21 年版「日本国勢図会」他）

2 次の問いに答えなさい。［10点×3］〈佐賀・改〉

(1) **地図1**の▲は，ある自然エネルギーを利用した発電が行われている場所を示したものである。**資料1**を参考に，この自然エネルギーの名称を書きなさい。　（　　　　　　）

資料1

> 火山が多い日本にとって，この自然エネルギーは重要な資源の一つである。発電には高温の水や蒸気が利用されている。

地図1

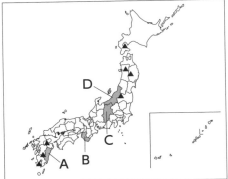

(2) 次のページの**ア〜エ**は，**地図1**の**A〜D**のいずれかの県の農業について述べたものである。このうち**A**の県にあてはまるものとして最も適当なものを，次のページの**ア〜エ**から1つ選び，記号で答えなさい。　（　　　）

ア　耕地面積に占める水田の割合が高く，米の生産量は全国上位である。

イ　野菜の促成栽培が行われ，また肉用牛や豚の飼育頭数は全国上位である。

ウ　高冷地の気候を利用して，レタスなどの野菜が多く栽培されている。

エ　果樹の栽培がさかんであり，特にみかんの生産量は全国上位である。

(3)　**地図2**は，**資料2**にある広島県の人口密度を**凡例**に従い，表したものである。それにならって，愛媛（えひめ）県の人口密度を求め，**凡例**に従い，地図に書きなさい。

地図2

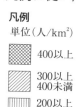

広島県

凡例

単位(人/km²)

▨ 400以上

▨ 300以上 400未満

▥ 200以上 300未満

▤ 200未満

資料2　広島県と愛媛県の人口密度

県名	面積(km²)	人口(万人)	人口密度(人/km²)
広島	8,480	280	331
愛媛	5,676	134	

(2019年)　　　　(2020/21年版「日本国勢図会」)

3　わが国において，次の**ア～オ**の産業を，第1次産業，第2次産業，第3次産業に分類した場合，第1次産業に含まれるものをすべて選び，記号で答えなさい。[10点]〈大阪〉

（　　　　　　　　　）

ア　鉱業　　イ　サービス業　　ウ　製造業　　エ　農業　　オ　林業

4　次の問いに答えなさい。[10点×3]〈新潟・改〉

(1)　右の地図中の■は，おもな製鉄所を示したものである。これらの製鉄所は，臨海部に位置している。その理由を，「原材料」という語句を用いて書きなさい。

（　　　　　　　　　　　　　　　　　）

(2)　次の表は，岩手県，埼玉県，滋賀県，三重県の，それぞれの県の人口，人口密度の推移，山地と内水域等の面積，農業産出額，製造品出荷額等を示したものであり，表中の**W～Z**は，これらの四つの県のいずれかである。表中の**X**に当てはまる県を▨で，**Y**に当てはまる県を▭で，右上の地図中に，それぞれ示しなさい。

	人口(千人)	人口密度の推移(人/km²)		山地と内水域等(湖沼・河川)の面積(km²)		農業産出額(億円)	製造品出荷額等(億円)
		1970年	2019年	山地	内水域等		
W	1,781	267	308	3,704	38	1,113	112,597
X	1,227	90	80	11,021	11	2,727	27,451
Y	7,350	1,018	1,935	1,230	20	1,758	143,440
Z	1,414	222	352	1,949	563	641	81,024

(2021年版「データでみる県勢」)

日本の諸地域

基礎問題

解答 ➡ 別冊解答6ページ

1 九州地方，中国・四国地方

① 阿蘇山に見られる広大なくぼ地を何といいますか。

〔　　　　　　　　　　〕

② 九州南部にある，火山の噴出物が堆積してできた，さつまいもの栽培や畜産がさかんな台地を何といいますか。

〔　　　　　　　　　　〕

③ 明治時代に建設された八幡製鉄所から発展した工業地域を何といいますか。

〔　　　　　　　　　　〕

④ 鳥取県の海岸に見られる，砂が堆積した丘を何といいますか。

〔　　　　　　　　　　〕

⑤ 倉敷市の水島地区などに見られる，石油を利用する工場がパイプラインで結びついた施設を何といいますか。

〔　　　　　　　　　　〕

⑥ 本州四国連絡橋のうち，岡山県の児島と香川県の坂出を結ぶルートにかかる橋は何ですか。

〔　　　　　　　　　　〕

2 近畿地方，中部地方，関東地方

⑦ 滋賀県にある日本最大の湖は何ですか。

〔　　　　　　　　　　〕

⑧ 京都府の西陣織や石川県の輪島塗など，国によって指定された伝統工業の製品を何といいますか。

〔　　　　　　　　　　〕

⑨ 大阪府から兵庫県にかけて広がる工業地帯は何ですか。

〔　　　　　　　　　　〕

⑩ 愛知県を中心に広がり，豊田市などで自動車工業がさかんな工業地帯は何ですか。

〔　　　　　　　　　　〕

九州地方，中国・四国地方

よくでる　九州地方，中国・四国地方

瀬戸内工業地域
鳥取砂丘
北九州工業地域…八幡製鉄所から発展
中国山地
有明海…干拓
高知平野
阿蘇山
野菜の促成栽培
宮崎平野
桜島
沖縄…さんご礁が発達
シラス台地

くわしく　本州四国連絡橋

尾道・今治ルート（瀬戸内しまなみ海道）1999年開通
児島・坂出ルート（瀬戸大橋）1988年開通
神戸・鳴門ルート（明石海峡大橋・大鳴門橋）1998年開通

近畿地方，中部地方，関東地方

よくでる　近畿地方，中部地方，関東地方

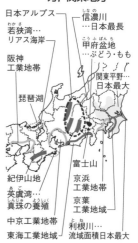

日本アルプス
信濃川…日本最長
若狭湾…リアス海岸
甲府盆地…ぶどう・もも
阪神工業地帯
関東平野…日本最大
琵琶湖
富士山
紀伊山地
京浜工業地帯
英虞湾…真珠の養殖
京葉工業地域
中京工業地帯
東海工業地域
利根川…流域面積日本最大

⑪ 静岡県の太平洋岸に発達した工業地域は何ですか。

〔　　　　　　　　〕

⑫ ぶどうやももの栽培がさかんな山梨県の盆地(ぼんち)を何といいますか。

〔　　　　　　　　〕

⑬ 関東平野に堆積している，箱根山(はこねさん)や富士山(ふじさん)などの火山灰からなる赤土を何といいますか。

〔　　　　　　　　〕

⑭ 東京都から神奈川県にかけて広がり，印刷業などがさかんな工業地帯は何ですか。

〔　　　　　　　　〕

⑮ 千葉県の東京湾岸に発達した工業地域は何ですか。

〔　　　　　　　　〕

⑯ 東京の都心では，昼間人口と夜間人口のどちらが多いですか。

〔　　　　　　　　〕

3 東北地方，北海道地方

⑰ 東北地方の太平洋岸で夏に吹き，冷害の原因になることのある冷たい北東風を何といいますか。

〔　　　　　　　　〕

⑱ 三陸海岸の南部に見られる複雑な海岸の地形を何といいますか。

〔　　　　　　　　〕

⑲ 庄内平野(しょうない)や秋田平野，仙台平野(せんだい)などで栽培され，東北地方が全国の生産量の4分の1以上をしめる穀物は何ですか。

〔　　　　　　　　〕

⑳ 北海道を中心にくらしてきた日本の先住民族を何といいますか。

〔　　　　　　　　〕

㉑ 泥炭地(でいたんち)が広がっていた石狩平野(いしかり)に，稲作(いなさく)に適した土を運び入れて行われた土地の改良方法を何といいますか。

〔　　　　　　　　〕

㉒ 大規模な畑作が行われている日高山脈(ひだか)の東の平野はどこですか。

〔　　　　　　　　〕

㉓ 根釧台地(こんせん)で行われている，乳牛を飼育して乳製品をつくる農業を何といいますか。

〔　　　　　　　　〕

㉔ 北海道で世界自然遺産に登録されているのは，どこですか。

〔　　　　　　　　〕

資料　おもな果実の生産量割合(2019年)

| 和歌山 21.0% | 愛媛 16.8 | 静岡 11.5 | 熊本 10.8 | 長崎 7.2 | その他 32.7 |

▲みかん

| 青森 58.4% | 長野 18.2 | 山形 5.8 岩手 6.5 | 福島 3.3 その他 7.8 |

▲りんご

| 山梨 21.4% | 長野 18.4 | 山形 9.5 | 岡山 9.1 | その他 37.2 福岡 4.4 |

▲ぶどう

| 山梨 28.5% | 福島 25.0 | 長野 11.1 | 山形 8.7 その他 20.1 和歌山 6.6 |

▲もも

| 茨城 9.5% | 千葉 9.2 | 栃木 8.6 | 福島 7.6 鳥取 7.0 | その他 58.1 |

▲日本なし

(2021年版「データでみる県勢」)

東北地方，北海道地方

よくでる　東北地方，北海道地方

根釧台地…酪農
知床…世界自然遺産
石狩平野…稲作
十勝平野…畑作
白神山地…世界自然遺産
奥羽山脈
庄内平野…稲作
三陸海岸の南部…リアス海岸

資料　地方別の米の生産量割合(2020年)

近畿地方 8.1
北海道地方 7.7
東北地方 28.8%
九州地方 9.0
合計 776万t
中国四国地方 9.2
中部地方 21.5
関東地方 15.8

※四捨五入の関係で合計が100%にならない。
(農林水産省資料)

よくでる　東北四大祭り

青森ねぶた祭，秋田竿燈(かんとう)まつり，仙台七夕(たなばた)まつり，山形花笠(はながさ)まつり

資料　農家1戸当たりの耕地面積

十勝地方	46.0
北海道地方	25.8
北海道以外都府県	2.1

0 10 20 30 40 50 (ha)
(2015年　農林業センサス)

5 日目

日本の諸地域

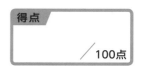

得点　／100点

基礎力確認テスト

解答➡別冊解答6ページ

1 右の地図中の**A**～**D**は矢印の方向への飛行ルートを示している。◎は上空から地上の事物や風景をみた地点である。それぞれの飛行ルートから見えるものの組み合わせとして正しいものを下の**ア**～**エ**から１つ選び，記号で答えなさい。［12点］〈沖縄〉　（　　）

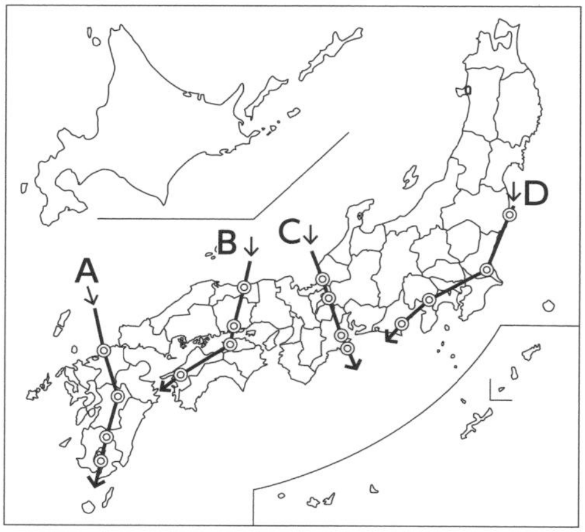

A
B
C
D

飛行ルート①…砂丘→石油コンビナート→大橋→みかん畑

飛行ルート②…原子力発電所→湖→世界遺産の山→茶畑

飛行ルート③…リアス海岸→湖→神社→真珠の養殖いかだ

飛行ルート④…工業地帯→カルデラ→シラス台地→火山

ア　**A**のルートは②　　**イ**　**B**のルートは①

ウ　**C**のルートは④　　**エ**　**D**のルートは③

2 右の地図の**A**～**E**は県を示している。次の問いに答えなさい。［8点×7］〈福島・改〉

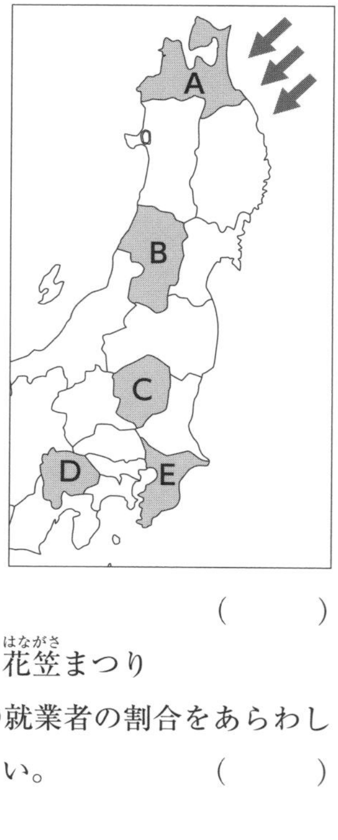

A
B
C
D
E

(1) 地図中の⬅は，北海道から東北地方の太平洋岸にかけて北東方向からふく，冷たい湿った風を示している。これは，冷夏の原因になることがある。この風を何というか。書きなさい。　（　　）

(2) 東北地方を代表する伝統的な祭りについて，**A**県に最も関係のあるものを，次の**ア**～**エ**から１つ選び，記号で答えなさい。

グラフⅠ　B，C，E県の第１次，第２次，第３次産業別の就業者の割合

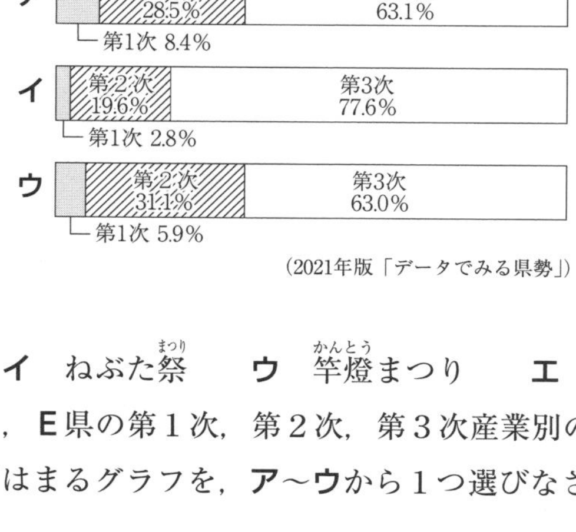

ア
第2次 28.5%
第3次 63.1%
第1次 8.4%
イ
第2次 19.6%
第3次 77.6%
第1次 2.8%
ウ
第2次 31.1%
第3次 63.0%
第1次 5.9%

（2021年版「データでみる県勢」）

（　　）

ア　さんさ踊(おど)り　　**イ**　ねぶた祭(まつり)　　**ウ**　竿燈(かんとう)まつり　　**エ**　花笠(はながさ)まつり

(3) **グラフⅠ**は，**B**，**C**，**E**県の第１次，第２次，第３次産業別の就業者の割合をあらわしている。**B**県にあてはまるグラフを，**ア**～**ウ**から１つ選びなさい。　（　　）

(4) 表Ⅰは，A～E県の米とねぎの収穫量，乳用牛の飼養頭数，森林面積をあらわしている。C県にあてはまるものを，ア～オから1つ選び，記号で答えなさい。　（　　　）

表Ⅰ　A～E県の米とねぎの収穫量，乳用牛の飼養頭数，森林面積

	米（t）	ねぎ（t）	乳用牛（頭）	森林面積（千 ha）
ア	289000	64300	28600	157
イ	404400	9640	11400	641
ウ	282200	12300	11800	616
エ	311400	11700	52100	341
オ	26500	…	3480	347

(2021年版「データでみる県勢」)

(5) 果実の生産に関して，次の問いに答えなさい。

①D県の県庁がある盆地には，川が山間部から平地に出たところに土砂が堆積して形成された地形が多く見られ，水はけがよいためおもに果樹園として利用されている。この地形を何というか。書きなさい。　（　　　　　）

表Ⅱ　りんご，なし，ぶどう，もも，洋なしの収穫量上位3県

	ア	イ	ウ	エ	オ
1位	B県	D県	茨城県	D県	A県
2位	新潟県	長野県	E県	福島県	長野県
3位	A県	B県	C県	長野県	岩手県

(2021年版「データでみる県勢」)

②表Ⅱは，りんご，なし，ぶどう，もも，洋なしの収穫量上位3県をあらわしている。なしにあてはまるものを，ア～オから1つ選び，記号で答えなさい。　（　　　）

(6) グラフⅡは，A～E県の工業出荷額の内訳をあらわしている。E県の工業出荷額の内訳を他の4県と比較し，その特徴を輸入という語句を用いて，「石油などの」の書き出しに続けて書きなさい。　（石油などの

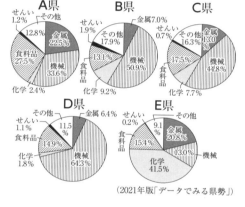

グラフⅡ　A～E県の工業出荷額の内訳

(2021年版「データでみる県勢」)

）

3 右の地図中のA～Dにあてはまるものを，次のア～エからそれぞれ選び，記号で答えなさい。[8点×4]〈東京〉

ア　人口：280万人　内陸部の山地では南北方向に，造船業や鉄鋼業が立地する沿岸部では東西方向に鉄道が走り，新幹線の路線には5駅が設置されている。

イ　人口：77万人　リアス海岸が見られる地域や眼鏡産業が立地する平野を鉄道が走り，2023年には県庁所在地を通る新幹線の開業が予定されている。

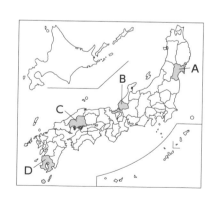

ウ　人口：231万人　南北方向に走る鉄道と，西側に位置する山脈を越え隣県へつながる鉄道などがあり，1982年に開通した新幹線の路線には4駅が設置されている。

エ　人口：160万人　石油の備蓄基地が立地する西側の半島に鉄道が走り，2004年には北西から活動中の火山の対岸に位置する県庁所在地まで新幹線が開通した。

A（　　　）　B（　　　）　C（　　　）　D（　　　）

古代までの日本と世界

基礎問題

解答➡別冊解答7ページ

1 文明のおこり

① 旧石器時代に使われた，石を打ち欠いてつくった石器を何といいますか。

〔　　　　　　　　　　〕

② 磨製石器や土器がつくられ，農耕や牧畜が始まった時代を何といいますか。

〔　　　　　　　　　　〕

③ 紀元前6世紀ごろの中国にあらわれ，儒学〔儒教〕のもとになる教えを説いた人物はだれですか。

〔　　　　　　　　　　〕

④ 漢の時代に発達した，東西を結ぶ交通路を何といいますか。

〔　　　　　　　　　　〕

2 日本の成り立ち

⑤ 縄文時代の人々が住んだ，地面をほり下げて柱を立て，その上に屋根をかけた住居を何といいますか。

〔　　　　　　　　　　〕

⑥ 弥生時代に祭りの宝物として用いられた，銅剣・銅鐸・銅矛・銅鏡などの金属器をまとめて何といいますか。

〔　　　　　　　　　　〕

⑦ 30余りの小国を従え，魏に使いを送った邪馬台国の女王はだれですか。

〔　　　　　　　　　　〕

⑧ 3世紀後半に近畿地方を中心につくられ始めた，前が四角で後ろが丸い形の古墳を何といいますか。

〔　　　　　　　　　　〕

⑨ 5世紀に九州地方から東北地方南部までの豪族を従えた政権を何といいますか。

〔　　　　　　　　　　〕

文明のおこり

よくでる 古代文明

知っトク 宗教や教え

・仏教…シャカ〔釈迦〕が開く。
・儒学〔儒教〕…孔子が説く。
・キリスト教…イエスの教えをもとに成立。
・イスラム教…ムハンマドが開く。

よくでる シルクロード

日本の成り立ち

くわしく 古代の遺跡

三内丸山遺跡(青森県)
縄文時代

岩宿遺跡(群馬県)
旧石器時代

吉野ヶ里遺跡
(佐賀県)
弥生時代

登呂遺跡(静岡県)
弥生時代

大仙(大山)古墳(大阪府)
古墳時代

くわしく 渡来人が伝えた技術や文化

・技術…かんがい・土木・養蚕・機織り・製陶など。
・文化…漢字・儒学・仏教。

❸ 律令国家の成立

⑩ 聖徳太子が，豪族たちに役人としての心得を示すために定めた法令を何といいますか。

〔　　　　　　　　　　〕

⑪ 聖徳太子が飛鳥地方に建てた，現存する世界最古の木造建築物といわれている寺院を何といいますか。

〔　　　　　　　　　　〕

⑫ 645年に，中大兄皇子や中臣鎌足らが蘇我氏をたおして始めた改革を何といいますか。

〔　　　　　　　　　　〕

⑬ 701年に唐の律令にならって制定された法令を何といいますか。

〔　　　　　　　　　　〕

⑭ 7世紀後半に朝鮮半島を統一した国を何といいますか。

〔　　　　　　　　　　〕

❹ 古代国家の発展

⑮ 710年に唐の都長安をモデルとして造営された，奈良の都を何といいますか。

〔　　　　　　　　　　〕

⑯ 戸籍にもとづいて，6歳以上の男女に口分田をあたえ，その人が死ぬと国に返させた制度を何といいますか。

〔　　　　　　　　　　〕

⑰ 聖武天皇のころに栄えた，唐の文化と仏教の影響を強く受けた文化を何といいますか。

〔　　　　　　　　　　〕

⑱ 奈良時代に完成した，天皇・貴族や農民・防人の歌など約4500首をおさめた和歌集を何といいますか。

〔　　　　　　　　　　〕

⑲ 平安時代はじめに唐から帰国した最澄が，比叡山に延暦寺を建てて広めた仏教の宗派を何といいますか。

〔　　　　　　　　　　〕

⑳ 天皇が幼少時は摂政，成人後は関白の職について実権をにぎった藤原氏の政治を何といいますか。

〔　　　　　　　　　　〕

㉑ 漢字をもとにつくられた日本独自の文字を何といいますか。

〔　　　　　　　　　　〕

律令国家の成立

資料 十七条の憲法

一に曰く，和をもって貴しとなし，さからうことなきを宗とせよ。

二に曰く，あつく三宝を敬え。三宝とは仏・法・僧なり。

三に曰く，詔をうけたまわりては必ずつつしめ。

（一部）

よくでる 7世紀半ばの東アジア

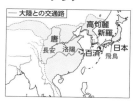

古代国家の発展

よくでる 農民の負担

租	収穫の約3％の稲
調	地方の特産物など
庸	労役の代わりの布
雑徭	地方での労役
兵役	地方の軍団に属する。防人は北九州の警備にあたる

戸籍にもとづき，6歳以上の男子に2段，女子にその3分の2の口分田（約2300m²）を支給し，上のような税や労役，兵役を課した。

注意! 古代の文化

・飛鳥文化…聖徳太子のころの仏教文化。法隆寺。

・天平文化…聖武天皇のころの仏教文化。東大寺大仏，正倉院の宝物。

くわしく 藤原氏と天皇家の関係

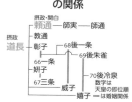

23

古代までの日本と世界

得点

／100点

基礎力確認テスト

解答 ➡ 別冊解答7ページ

1 次の問いに答えなさい。[9点×2]〈茨城〉

(1) 次のⅠ〜Ⅲについて，年代の古い順に並べられたものを，あとの**ア〜カ**から1つ選び，記号で答えなさい。　　　　　　　　　　　　　　　　　　（　　　　）

　　Ⅰ　日本最大の大仙(大山)古墳がつくられた。

　　Ⅱ　卑弥呼が魏の皇帝から金印を授けられた。

　　Ⅲ　たて穴住居に住み，縄文土器をつくり始めた。

　　ア　Ⅰ－Ⅱ－Ⅲ　　　**イ**　Ⅰ－Ⅲ－Ⅱ　　　**ウ**　Ⅱ－Ⅰ－Ⅲ

　　エ　Ⅱ－Ⅲ－Ⅰ　　　**オ**　Ⅲ－Ⅰ－Ⅱ　　　**カ**　Ⅲ－Ⅱ－Ⅰ

(2) 右の年表中の〔**A**〕の時期に行われた摂関政治とはどのような政治か，「摂政」「関白」の違いを説明しながら，簡潔に書きなさい。

　　（　　　　　　　　　　　　　　　　　　　　　　　　　　　　）

西暦	できごと
794	都を平安京に移す〔**A**〕
1086	院政が始まる

2 次の問いに答えなさい。[8点×2]〈徳島〉

(1) 右の**資料**のような形の青銅器を何というか，書きなさい。

　　　　　　　　　　　　　　　　　　　　　（　　　　　　　）

資料

(2) 次の文は，全国の前方後円墳の分布やつくられた時期から，わかることについてまとめたものである。文中の◻◻◻にあてはまる語句を書きなさい。　　　　　　　　　　　　　　　　　　　　　　　　（　　　　　　　）

> 　3世紀末ころに，奈良県を中心とする地域に強力な勢力が生まれ，前方後円墳がつくられた。5世紀後半には，各地で前方後円墳がつくられていることから，この強力な勢力が成長し，大王を中心とする◻◻◻とよばれる強大な勢力となったと考えられる。

3 次の文を読んで，あとの問いに答えなさい。[9点×2]〈栃木〉

> 　日本固有の歌である和歌を集めた『　**a**　』には，飛鳥時代から奈良時代までの和歌約4500首が収められており，その中には農民の生活の様子を詠んだ作品も含まれています。和歌は，平安時代に京の貴族たちの教養として数多く詠まれるようになります。貴族たちが天皇や上皇の命を受けて編集した歌集は，勅撰和歌集とよばれ，最初にb『古今和歌集』が紀貫之らによって編集されました。

(1) 文中の　**a**　にあてはまる語句を書きなさい。　　　　　　　（　　　　　　　　）

(2) 下線部 b に関して，このころ日本で栄えた国風文化の特色を，右の図を例に挙げて，「中国の文化」の語を用いて簡潔に書きなさい。

( )

安→あ
伊→イ

4 右の表を見て，次の問いに答えなさい。[8点×3]〈新潟〉

(1) 文中の□□□□にあてはまる語句を書きなさい。

( )

(2) 下線部 a について説明した文として，最も適当なものを，次のア〜エから1つ選び，記号で答えなさい。

( )

時代	調べたこと
飛鳥時代	・聖徳太子は，仏教や a 儒学の考え方を取り入れた□□□□を定め，役人の心構えを示した。 ・b 唐のきまりにならった律令が定められ，新しい国家のしくみが整った。

ア シャカは，心の迷いを取りされば，この世の苦しみからのがれられると説いた。

イ イエスは，神の前ではみな平等で，神を信じる者はだれでも救われると説いた。

ウ ムハンマドは，唯一の神アッラーの前ではみな平等であると説いた。

エ 孔子は，自分の行いを正すことが，国を治めるもとであると説いた。

(3) 下線部 b について，右の地図は，8世紀の東アジアのようすを示したものである。地図中の X，Y にあてはまる国名の組み合わせとして正しいものを，次のア〜エから1つ選び，記号で答えなさい。

( )

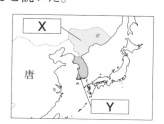

ア X 渤海（ぼっかい），Y 新羅（シルラ）   イ X 渤海（ぼっかい），Y 百済（ペクチェ）

ウ X 高句麗（コグリョ），Y 新羅   エ X 高句麗（コグリョ），Y 百済

5 右の年表を見て，次の問いに答えなさい。[8点×3]〈福島〉

(1) 下線部 a の遣唐使は，この後もたびたび派遣され，多くのものや制度，思想などを日本に持ち帰った。遣唐使の派遣により，A の期間に律令制度が取り入れられた。701 年に完成した律令を何というか。漢字で書きなさい。

( )

年	おもなできごと
630	第一回 a 遣唐使を送る……
794	都を京都（平安京）に移す……
939	藤原純友の乱が起こる……

A
B

(2) A の期間に始められた班田収授法も，日本が唐から取り入れたものに含まれる。班田収授法による口分田の収授について述べた次の文の X と Y にあてはまる数字・語句の組み合わせとして正しいものを，あとのア〜エから1つ選び，記号で答えなさい。( )

□X□年ごとにつくられる戸籍に登録された□X□歳以上のすべての人々に口分田が与えられた。口分田は，良民の男子には2段，女子にはその□Y□が与えられた。

ア X 3，Y 2分の1   イ X 6，Y 2分の1

ウ X 3，Y 3分の2   エ X 6，Y 3分の2

(3) B の期間に遣唐使とともに唐にわたり，帰国後，比叡山に延暦寺を建て天台宗を広めた人物はだれか。書きなさい。

( )

25

中世の日本と世界

基礎問題

解答 ➡ 別冊解答8ページ

1 武士の台頭

① 935年，関東で反乱をおこした武士はだれですか。

〔　　　　　　　　　　〕

② 1086年に白河上皇が始めた，上皇の御所で行う政治を何といいますか。

〔　　　　　　　　　　〕

③ 武士として初めて太政大臣に任じられるとともに，兵庫の港を修理して宋と貿易を行った武士はだれですか。

〔　　　　　　　　　　〕

2 鎌倉幕府と元寇

④ 源頼朝が全国の荘園や公領ごとに置いた，土地の管理や年貢の取り立てなどにあたる役職を何といいますか。

〔　　　　　　　　　　〕

⑤ 将軍が御家人の先祖伝来の領地を保護したり，新たに領地をあたえたりすることを何といいますか。

〔　　　　　　　　　　〕

⑥ 承久の乱ののちに幕府が京都に置き，朝廷の監視や西国の御家人の統制などにあたらせた役職を何といいますか。

〔　　　　　　　　　　〕

⑦ 執権の北条泰時が御家人に裁判の基準を示すため，武士社会の慣習などをもとに定めた法令を何といいますか。

〔　　　　　　　　　　〕

⑧ 力強い文章で源平の争乱をえがき，琵琶法師によって語り広められた軍記物の傑作を何といいますか。

〔　　　　　　　　　　〕

⑨ モンゴル帝国の5代皇帝で，国号を元と定めるとともに，2度にわたって日本に軍勢を送ったのはだれですか。

〔　　　　　　　　　　〕

武士の台頭

知っトク　武士の成長と戦乱

前九年合戦（1051～62年）
後三年合戦（1083～87年）
保元の乱（1156年）
平治の乱（1159年）
壇ノ浦の戦い（1185年）
赤間関
京都
平将門の乱（935～940年）
藤原純友の乱（939～941年）

鎌倉幕府と元寇

よくでる　鎌倉幕府のしくみ

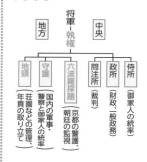

将軍－執権

地方
中央

地頭
守護
六波羅探題
問注所
政所
侍所

地頭
（荘園などの管理、年貢の取り立て）
守護
（国内の軍事・警察と御家人の統率）
六波羅探題
（京都の警護、朝廷の監視）
問注所
（裁判）
政所
（財政、一般政務）
侍所
（御家人の統率）

くわしく　御恩と奉公

領地を認め、手がらによって新しい領地を与える

将軍 ← 御恩 → 御家人

将軍 ← 奉公 → 御家人

将軍のために命をかけて戦う

資料　御成敗式目

一　諸国の守護の職務は，頼朝公の時代に定められたように，京都の御所の警備と，謀反や殺人などの犯罪人の取りしまりに限る。

（一部要約）

⑩ 生活の苦しくなった御家人を救うため，1297年に幕府が出した法令を何といいますか。

〔　　　　　　　　　〕

3 南北朝の動乱と室町幕府

⑪ 鎌倉幕府が滅亡したのち，後醍醐天皇が始めた天皇中心の政治を何といいますか。

〔　　　　　　　　　〕

⑫ 14世紀後半から多くなった，朝鮮半島や中国の沿岸で，貿易を強要したり，海賊行為をはたらいたりした集団を何といいますか。

〔　　　　　　　　　〕

⑬ 1404年から足利義満が明との間で始めた，合い札の証明書を用いた貿易を何といいますか。

〔　　　　　　　　　〕

⑭ 15世紀前半に尚氏が沖縄島を統一して建てた国を何といいますか。

〔　　　　　　　　　〕

⑮ 室町幕府の将軍の補佐役を何といいますか。

〔　　　　　　　　　〕

4 産業の発達と室町文化

⑯ 室町時代に交通の要地で馬を使って物資の陸上輸送にあたった業者を何といいますか。

〔　　　　　　　　　〕

⑰ 営業の独占をはかるため商人や手工業者がつくった，室町時代の同業組合を何といいますか。

〔　　　　　　　　　〕

⑱ 京都で自治の中心となった，裕福な商工業者を何といいますか。

〔　　　　　　　　　〕

⑲ 有力な守護大名の対立や将軍のあとつぎ問題などが原因となって，1467年におこった戦乱を何といいますか。

〔　　　　　　　　　〕

⑳ たたみをしいて床の間を設け，障子を用い，ふすまで部屋を区切った建築の様式を何といいますか。

〔　　　　　　　　　〕

㉑ 戦国大名が定めた独自の法令を何といいますか。

〔　　　　　　　　　〕

南北朝の動乱と室町幕府

くわしく 東アジアの動き
・中国…1368年に漢民族が明を建国。
・朝鮮…1392年に李成桂が朝鮮国を建国。
・沖縄…1429年に尚氏が琉球王国を建国。
・蝦夷地…アイヌ民族が狩りや漁，交易。

よくでる 室町幕府のしくみ

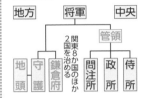

注意！ 将軍の補佐役
・執権…鎌倉幕府。北条氏が独占する。
・管領…室町幕府。有力な守護大名が任じられる。

産業の発達と室町文化

知っトク 産業の発達
・馬借…交通の要地で馬で物資を運んだ運送業者。
・問〔問丸〕…港町などで活動した倉庫・運送業者。
・土倉や酒屋…都市で高利貸しを営んだ金融業者。

注意！ 同業組合
・座…中世。室町時代にさかんになる。
・株仲間…近世。江戸時代にさかんになる。

資料 分国法

武田氏
一 けんかをした者は，いかなる理由による者でも処罰する。
（甲州法度之次第）

1日目
2日目
3日目
4日目
5日目
6日目
7日目
8日目
9日目
10日目
11日目
12日目
13日目
14日目

中世の日本と世界

基礎力確認テスト

解答 ➡ 別冊解答8ページ

1 右の年表を見て，次の問いに答えなさい。[10点×3]〈徳島〉

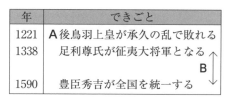

年	できごと
1221	A後鳥羽上皇が承久の乱で敗れる
1338	足利尊氏が征夷大将軍となる
	B
1590	豊臣秀吉が全国を統一する

(1) 右下の**資料**は，年表中の**A**の後の鎌倉幕府のしくみを示している。次の問いに答えなさい。

　①北条氏は，将軍を補佐する**資料**中の**X**の地位につき，政治の実権をにぎっていた。**X**にあてはまる地位を書きなさい。　（　　　　　　　）

　②承久の乱の後，**Y**の六波羅探題が置かれた。**Y**の役割はいくつかあるが，そのうちの1つを書きなさい。
　（　　　　　　　　　　　　　　　　　）

資料

```
              将軍
               X
   [地方]          [中央]
 地  守  Y      問   政  侍
 頭  護  六波羅探題  注所  所  所
```

(2) 年表中の**B**の期間の社会のようすとして最も適切なものを，次の**ア～エ**から1つ選び，記号で答えなさい。（　　　　）

　ア　馬借や問丸〔問〕という運送業者が活躍した。

　イ　備中ぐわや千歯こきなどの農具が使われた。

　ウ　日本海側から大阪までの西まわり航路がひらかれた。

　エ　和同開珎が発行され，貨幣として使用された。

2 次の文を読んで，あとの問いに答えなさい。[9点×2]〈岐阜〉

> 鎌倉幕府の　　a　　は，1232年に御成敗式目〔貞永式目〕を定めた。これは　　b　　にもとづいて，裁判の基準を御家人に示したものであった。鎌倉幕府滅亡後は，南北朝の動乱が続いたが，室町幕府の3代将軍の足利義満が動乱をおさめた。しかし，**c 8代将軍の足利義政のとき**に応仁の乱が始まり，戦乱は京都から全国に広がっていった。

(1) a，bにあてはまる**Ⅰ～Ⅳ**のことばの正しい組み合わせを，あとの**ア～エ**から1つ選び，記号で答えなさい。（　　　　）

　Ⅰ　北条泰時　　**Ⅱ**　北条時宗　　**Ⅲ**　朝廷の決定や律令　　**Ⅳ**　武士の社会の慣習

　ア　a＝Ⅰ　b＝Ⅲ　　**イ**　a＝Ⅰ　b＝Ⅳ
　ウ　a＝Ⅱ　b＝Ⅲ　　**エ**　a＝Ⅱ　b＝Ⅳ

(2) 下線部**c**について，右の写真は足利義政が建てた銀閣と同じ敷地内にある建物の一室である。この建物に代表される寺院の様式を武家の住居に取り入れた建築様式の名を書きなさい。　（　　　　　　　）

3 次の問いに答えなさい。[8点×2]〈香川〉

(1) 次の文中の　　　　には，荘園や公領において土地や農民の支配にあたった職の呼び名が入る。　　　　にあてはまる職は何か，書きなさい。　　　　　　　　　　　　（　　　　　　）

> 源頼朝は，国ごとに守護を，荘園や公領ごとに　　　　を設置することを，朝廷に認めさせた。

(2) 右の地図中にX，Yで示した国は，それぞれ14世紀の後半に建てられた国である。地図中のX，Yにあてはまる国の正しい組み合わせを，次のア～エから1つ選び，記号で答えなさい。　　　　　　　　　（　　　　　　）

ア　X　明　　Y　高麗（こうらい）　　　　　イ　X　明　　Y　朝鮮

ウ　X　宋　　Y　高麗　　　　　　　　　エ　X　宋　　Y　朝鮮

4 右の年表を見て，次の問いに答えなさい。[8点×2]〈広島〉

(1) Aに関して，武士の中で初めて平清盛がついた職を，次のア～エから1つ選び，記号で答えなさい。　　　　　　　　　（　　　　）

ア　太政大臣　　イ　征夷大将軍

ウ　関白　　　　エ　摂政

世紀	日本の外交のおもなできごと
12	A平清盛が港を整備し宋と貿易を行う
13	
14	
15	B足利義満が勘合貿易を始める

(2) Bのころの東アジアの動きを，次のア～エから1つ選び，記号で答えなさい。

ア　日本が，百済を救援するために朝鮮半島に大軍を送った。　　　　　　　（　　　　）

イ　日本と清が，対等の地位を相互に認めた条約を結んだ。

ウ　日本人を中心とした倭寇が，朝鮮半島や中国大陸沿岸をおそった。

エ　薩摩藩の支配を受けた琉球が，将軍の代がわりごとに幕府に使節を送った。

5 次の文は，13世紀の戦いについてのものである。文中の　A　に入る，当時の中国全土を支配していた国の呼び名を漢字1字で答えなさい。また，　B　に入る表現として最も適当なものを，あとのア～エから1つ選び，記号で答えなさい。[10点×2]〈京都〉

> 　A　の皇帝フビライ・ハンの命令で始まった二度の　A　軍の襲来を，幕府はしりぞけた。この戦いの後，13世紀末になると，　B　。

ア　生活が苦しくなった御家人を救済するために，幕府は永仁（えいにん）の徳政令を出した

イ　外国船の侵入を防ぐために，幕府は異国船打払令（うちはらいれい）を出した

ウ　幕府をたおすために，後鳥羽上皇が京都で反乱を起こした（ごとば）

エ　幕府の力がおとろえたために，戦国大名が各地を支配するようになった

A（　　　　）　B（　　　　）

近世の日本と世界

基礎問題

解答 ➡ 別冊解答9ページ

1 ヨーロッパ人との出会いと天下統一

① 14世紀にイタリアで生まれた，古代ギリシャ・ローマの文化を理想とする，人間の個性や自由を重んじる風潮を何といいますか。

〔　　　　　　　　　〕

② 16世紀に**ルター**や**カルバン**が進めた，キリスト教の改革運動を何といいますか。

〔　　　　　　　　　〕

③ 1543年に種子島に流れ着いたポルトガル人が伝えた，新しい武器は何ですか。

〔　　　　　　　　　〕

④ 平戸や長崎などで，ポルトガル人やスペイン人との間で行われた貿易を何といいますか。

〔　　　　　　　　　〕

⑤ 1573年に室町幕府をほろぼし，また，**安土城**を築いて城下で**楽市・楽座**の政策を実施した人物はだれですか。

〔　　　　　　　　　〕

⑥ **豊臣秀吉**が行った**検地**や**刀狩**によって，武士と農民の身分の区別が明らかになったことを何といいますか。

〔　　　　　　　　　〕

⑦ 16世紀後半に栄えた，豪華・壮大な文化を何といいますか。

〔　　　　　　　　　〕

2 江戸幕府の成立と鎖国

⑧ **関ヶ原の戦い**に勝利して全国支配の実権をにぎり，1603年に征夷大将軍に任じられて**江戸幕府**を開いた人物はだれですか。

〔　　　　　　　　　〕

⑨ **徳川家光**が**武家諸法度**に義務として定めた，大名が1年おきに領地と江戸を往復する制度を何といいますか。

〔　　　　　　　　　〕

ヨーロッパ人との出会いと天下統一

わしく　大航海時代

・コロンブス…カリブ海の島に到達。
・バスコ・ダ・ガマ…喜望峰経由でインドに到達。
・マゼラン船隊…世界一周に成功。

わしく　桃山文化

・狩野永徳…はなやかな屏風絵・ふすま絵をえがく。
・千利休…茶の湯を茶道として完成させる。
・出雲の阿国…かぶき踊りを始める。

江戸幕府の成立と鎖国

でる　江戸幕府のしくみ

```
               将軍
 ┌──┬──┬──┬──┬──┬──┐
大阪  京都  寺社  若年  老中  大老
城代  所司  奉行  寄        (臨時の職)
      代
(西国 (朝廷 (寺社 (老中 (政務全般)
大名の と西 の監 を助          大目付
とり 国大 督)  ける)  勘定奉行  (大名の
しま 名の        遠国奉行  (幕府の とりしまり)
り)  とり        (重要な 財政,
      しま        都市の 幕領の  町奉行
      り)         支配)  監督)  (江戸の
                              町政)
```

知っトク　大名の区分

・親藩…徳川氏の一門の大名。
・譜代大名…関ヶ原の戦い以前から徳川氏に従っていた大名。
・外様大名…関ヶ原の戦い以後に徳川氏に従った大名。

⑩ 朱印船貿易がさかんになったことにともなって，東南アジア各地にできた日本人が居住する町を何といいますか。

〔　　　　　　　　　　〕

⑪ オランダ商館が置かれた長崎の人工島を何といいますか。

〔　　　　　　　　　　〕

❸ 産業の発達と幕府政治の動き

⑫ 幕府や藩が，用水路を建設したり，海や沼などを干拓したりして開発した新しい耕地を何といいますか。

〔　　　　　　　　　　〕

⑬ 諸藩の蔵屋敷が建ち並び，「天下の台所」とよばれて全国の商業や金融の中心であった都市はどこですか。

〔　　　　　　　　　　〕

⑭ 1716 年に享保の改革を始めた 8 代将軍はだれですか。

〔　　　　　　　　　　〕

⑮ 商工業者の株仲間の結成を奨励するなど積極的な経済政策を進めたが，天明のききんのなか，失脚した老中はだれですか。

〔　　　　　　　　　　〕

⑯ 農民たちが団結して，年貢の軽減や代官の交代などを要求しておこした行動を何といいますか。

〔　　　　　　　　　　〕

⑰ 老中の水野忠邦が，1841 年から始めた改革を何といいますか。

〔　　　　　　　　　　〕

❹ 新しい学問と町人文化

⑱ 17 世紀末から 18 世紀初めにかけて発達した，上方を中心とする町人文化を何といいますか。

〔　　　　　　　　　　〕

⑲ 『古事記伝』をあらわして国学を大成した人物はだれですか。

〔　　　　　　　　　　〕

⑳ 『解体新書』の出版をきっかけに発達した，オランダ語を通して西洋の文化を研究する学問を何といいますか。

〔　　　　　　　　　　〕

㉑ 江戸時代，庶民の子どもが読み・書き・そろばんなどの実用的な知識を学んだ場所を何といいますか。

〔　　　　　　　　　　〕

知っトク 鎖国下の窓口

対馬…対馬藩を通じて朝鮮と
松前…松前藩を通じて蝦夷地のアイヌと
長崎…幕府の直轄地でオランダ・中国と
薩摩…薩摩藩を通じて琉球と

▲長崎の出島

産業の発達と幕府政治の動き

よくでる 農具の改良

▲備中ぐわ…土を深く耕す。

▲千歯こき…効率よく脱穀。

よくでる 幕政の改革
・享保の改革…徳川吉宗
・寛政の改革…松平定信
・天保の改革…水野忠邦

新しい学問と町人文化

注意! 町人文化
・元禄文化…17 世紀末から 18 世紀初め。上方中心の町人文化。
・化政文化…19 世紀前半。江戸中心の町人文化。

よくでる 新しい学問
・国学…日本人固有の考え方を明らかにする学問。
・蘭学…オランダ語で西洋の知識を学ぶ学問。

1 日目
2 日目
3 日目
4 日目
5 日目
6 日目
7 日目
8 日目
9 日目
10 日目
11 日目
12 日目
13 日目
14 日目

近世の日本と世界

基礎力確認テスト

解答 ➡ 別冊解答9ページ

1 右の年表を見て，次の問いに答えなさい。[10点×4]〈愛媛〉

年代	できごと
1400	
1600	・a ポルトガル人が鉄砲を伝える
	・b 江戸幕府が開かれる
1800	・c 本居宣長が「古事記伝」を書く

(1) 次の文は，年表中の下線部 a のできごとののち，16世紀後半に日本がヨーロッパ人との間で行った貿易について述べたものである。文中の **X** ～ **Z** にそれぞれあてはまる言葉の組み合わせとして適当なものを，あとの**ア**～**エ**から1つ選び，記号で答えなさい。　　　　　（　　　）

　　　ポルトガル人やスペイン人との貿易は　**X**　と呼ばれており，日本は中国産の　**Y**　を多く輸入した。また，日本からはおもに　**Z**　が輸出された。

ア X 南蛮貿易　　Y 銀　　Z 生糸　　　**イ** X 南蛮貿易　　Y 生糸　　Z 銀
ウ X 勘合貿易　　Y 銀　　Z 生糸　　　**エ** X 勘合貿易　　Y 生糸　　Z 銀

(2) 次の文は，年表中の下線部 b が定めた，大名を統制するための制度について述べたものである。文中の□□□□に適当な言葉を書き入れて文を完成させなさい。ただし，□□□□には，「領地」「1年」の2つの言葉を含めること。

（　　　　　　　　　　　　　　　　　　　　　　　　　　　　　　　　　　）

　　　江戸幕府は，将軍家光のときに参勤交代の制度を定め，□□□□ことを大名に命じた。この制度は，各藩にとって，財政上の大きな負担となった。

(3) 年表中の下線部 c が大成した学問について述べた次の文の①，②の{　}の中から適当なものを，それぞれ1つずつ選び，記号で答えなさい。　　①（　　　）②（　　　）

　　　本居宣長が大成した学問である①{**ア**　国学　　**イ**　朱子学}は，②{**ウ**　幕府によって武士の学問の中心とされた　　**エ**　幕末の尊王攘夷運動に影響をあたえた}。

2 次の問いに答えなさい。[10点×3]〈長崎〉

(1) 次の史料は，江戸時代にヨーロッパから日本に来た外国人の日記の一部を要約したものである。「あなたがたの国」と記されているこの外国人の国の位置を，右の地図中の**ア**～**エ**から1つ選び，記号で答えなさい。

（　　　）

(注)地図中の国境線は，現在のものである。

　　（1639年9月4日）「ポルトガル人を日本から追放した今，あなたがたの国こそが貿易を続けることができる唯一の国である。」と老中から言われた。
　　（1641年5月11日）「あなたがたの国の船は，今後長崎に入港し，その財産一切を平戸から引きあげ，長崎に移すようにしなさい。」と将軍から指示を受けた。

(2) 右の**グラフ**を見て，次の問いに答えなさい。

①**A**の期間には，田沼意次が江戸幕府の老中をやめる背景の1つとなったききんがおきている。このききんは何とよばれていますか。　（　　　　　　　　　　）

②**B**の期間にも大きなききんがおきている。**A**と**B**の期間における1石あたりの米価および百姓一揆と打ちこわしの発生件数の推移について述べた次の文の　　　にあてはまる内容を，グラフから読みとって簡潔に書きなさい。なお，具体的な数値を示す必要はない。

（　　　　　　　　　　　　　　　　　　　　　　　）

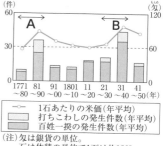

グラフ 1石あたりの米価(米の値段)および百姓一揆と打ちこわしの発生件数の推移

（注）匁は銀貨の単位。
石は体積の単位で1石は約180L。
(青木虹二『百姓一揆総合年表』などから作成)

凡例：
○— 1石あたりの米価(年平均)
打ちこわしの発生件数(年平均)
百姓一揆の発生件数(年平均)

> **A**と**B**の期間には，いずれもききんがおこり，　　　　　　　　　　　　　　。

3 次の文の　a　，　b　にあてはまる言葉の正しい組み合わせを，あとの**ア～エ**から1つ選び，記号で答えなさい。[10点]〈岐阜〉

> 豊臣秀吉は太閤検地を行い，　a　という統一的な基準で全国の土地を表した。また，　b　の征服を目指して，大軍を朝鮮に派遣した。

ア　a＝地価　b＝明　　　**イ**　a＝地価　b＝元
ウ　a＝石高　b＝明　　　**エ**　a＝石高　b＝元

（　　　　　）

4 右の**グラフ**を見て，次の問いに答えなさい。[10点×2]〈香川〉

(1) **グラフ**は，江戸時代を中心とする時期の耕地面積の推移を示したものである。このグラフから，1600年ごろに比べて，1720年ごろの耕地面積が大幅に増えていることがわかる。それはなぜか。その理由を，次の空欄を埋める形で簡単に書きなさい。（　　　　　　　　　）

グラフ　**耕地面積の推移**

1600年ごろ
1720年ごろ
1874年ごろ

0　100　200　300　400
（万町歩）
町歩は面積の単位
(大石慎三郎「江戸時代」により作成)

> 幕府や藩によって，　　　　　　が行われたから。

(2) 江戸時代の物資の輸送について述べたものとして，あてはまらないものを次の**ア～エ**から1つ選び，記号で答えなさい。
（　　　　　）

ア　東北地方から日本海沿岸をまわって大阪にいたる西廻り航路が開かれた。

イ　大阪には諸藩の蔵屋敷が置かれ，そこには全国から年貢米や特産物が運びこまれた。

ウ　大阪と江戸の間を結ぶ太平洋沿岸に航路が開かれ，定期船が往復した。

エ　各地の港町では，問(問丸)と呼ばれる運送業・倉庫業者が活躍した。

近代の日本と世界

基礎問題

解答 ➡ 別冊解答10ページ

1 欧米の近代化とアジア侵略

① 1688年にイギリスでおこり，翌年，議会が「権利の章典」を定めた革命を何といいますか。

〔　　　　　　　　　　〕

② フランス革命が始まった1789年に出された宣言を何といいますか。

〔　　　　　　　　　　〕

③ 18世紀後半のイギリスから始まった，技術革新による産業と社会のしくみの大きな変化を何といいますか。

〔　　　　　　　　　　〕

④ 奴隷制と貿易政策をめぐる対立から，1861年にアメリカでおこった内戦を何といいますか。

〔　　　　　　　　　　〕

⑤ 中国〔清〕が麻薬の密輸をきびしく取りしまったことから，1840年にイギリスが軍艦を送っておこした戦争を何といいますか。

〔　　　　　　　　　　〕

2 開国と江戸幕府の滅亡

⑥ 1853年に軍艦を率いて浦賀（神奈川県）に来航し，幕府に開国を要求したアメリカ東インド艦隊司令長官はだれですか。

〔　　　　　　　　　　〕

⑦ 1858年に日本とアメリカとの間で結ばれた，日本にとって不平等な条約を何といいますか。

〔　　　　　　　　　　〕

⑧ 大老の井伊直弼による弾圧に対して盛り上がった，天皇を尊び外国勢力を排撃しようとする運動を何といいますか。

〔　　　　　　　　　　〕

⑨ 朝廷が王政復古の大号令を出したのちに始まった，新政府軍と旧幕府軍との内戦を何といいますか。

〔　　　　　　　　　　〕

欧米の近代化とアジア侵略

知っトク 近代市民革命
- イギリスの名誉革命…権利の章典。
- アメリカ独立戦争…独立宣言。
- フランス革命…人権宣言。

よくでる 三角貿易

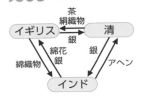

開国と江戸幕府の滅亡

注意！ 幕末の開港

（下田は日米修好通商条約で閉鎖）

くわしく 幕末の貿易

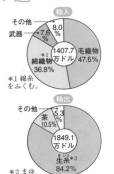

（「日本経済史3 開港と維新」）

❸ 明治維新

⑩ 1868 年に明治政府が出した，政治の基本方針を示した宣言を何といいますか。

〔　　　　　　　　〕

⑪ 1872 年に発布された，6 歳以上のすべての国民が小学校教育を受けることを定めた法令を何といいますか。

〔　　　　　　　　〕

⑫ 1873 年に政府が財政を確立するために始めた，課税基準を収穫高から地価に変更する改革を何といいますか。

〔　　　　　　　　〕

⑬ 板垣退助らが民撰議院設立の建白書を提出したことをきっかけに始まった，国民の参政権を求める運動を何といいますか。

〔　　　　　　　　〕

⑭ 1889 年に発布された，天皇主権の憲法を何といいますか。

〔　　　　　　　　〕

⑮ 皇族・華族や天皇が任命した議員からなる議院を何といいますか。

〔　　　　　　　　〕

❹ 日清・日露戦争と近代産業

⑯ 下関条約が結ばれたのち，ロシア・ドイツ・フランスが遼東半島の返還を日本に勧告したできごとを何といいますか。

〔　　　　　　　　〕

⑰ 日露戦争の講和条約を何といいますか。

〔　　　　　　　　〕

⑱ 三民主義を唱えて中国革命を指導し，1912 年に成立した中華民国の臨時大総統に就任した人物はだれですか。

〔　　　　　　　　〕

⑲ 1901 年に開業し，筑豊地方の石炭などを利用して生産を行った官営の製鉄所を何といいますか。

〔　　　　　　　　〕

⑳ 足尾銅山鉱毒事件に際して，鉱山の操業停止などをうったえて活動した栃木県選出の国会議員はだれですか。

〔　　　　　　　　〕

㉑ 『吾輩は猫である』や『坊っちゃん』など，日本の知識人のあり方を模索する小説をあらわした人物はだれですか。

〔　　　　　　　　〕

明治維新

注意！ 中央集権国家の成立

- 版籍奉還…旧藩主が土地と人民を政府に返す。
- 廃藩置県…藩を廃止して府・県を置き，中央から府知事・県令を派遣。

よくでる 富国強兵のための三大改革

- 学制…学制の発布。すべての国民に小学校教育。
- 兵制…徴兵令で 20 歳以上の男子に兵役の義務。
- 税制…地租改正の開始。地価の 3 ％を現金で徴収。

資料 大日本帝国憲法

第 1 条　大日本帝国ハ万世一系ノ天皇之ヲ統治ス

第 3 条　天皇ハ神聖ニシテ侵スベカラズ

第 11 条　天皇ハ陸海軍ヲ統帥ス

第 29 条　日本臣民ハ法律ノ範囲内ニ於テ言論著作印行集会及結社ノ自由ヲ有ス

（一部）

日清・日露戦争と近代産業

注意！ 外務大臣と条約改正

- 陸奥宗光…領事裁判権〔治外法権〕を撤廃。
- 小村寿太郎…関税自主権を完全回復。

知っトク 日清戦争の賠償金の使いみち

- 教育基金 2.8
- 災害準備基金 2.8
- その他 4.4
- 皇室財産 5.5
- 臨時軍事費 21.9
- 軍備拡張費 62.6%
- 賠償金総額 約3億6000万円。

※遼東半島返還の還付金をふくむ。

（「近代日本経済史要覧」）

1 日目
2 日目
3 日目
4 日目
5 日目
6 日目
7 日目
8 日目
9 日目
10 日目
11 日目
12 日目
13 日目
14 日目

近代の日本と世界

得点

／100点

基礎力確認テスト

解答 ➡ 別冊解答10ページ

1 右の年表を見て，次の問いに答えなさい。[8点×5]〈鹿児島〉

年代	できごと
1853	アメリカの使節 ___ が浦賀に来航する
1871	廃藩置県が行われる……………… ↑
	a
1890	b 第1回衆議院議員総選挙が行われる ↓
1894	c 日清戦争が始まる

(1) 年表中の ___ にあてはまる最も適当な人名を書きなさい。　（　　　　　　）

(2) **a**の時期の日本のようすについて述べた文として，最も適当なものを次の**ア〜エ**から1つ選び，記号で答えなさい。　（　　　）

　ア　「憲政擁護」を主張する運動が高まり，藩閥の桂太郎内閣を退陣させた。

　イ　板垣退助らが中心となり，立憲政治の実現をめざす自由民権運動が始まった。

　ウ　朝廷をおし立てて，外国の勢力を打ちはらおうとする尊王攘夷運動が高まった。

　エ　労働条件の改善を求める労働運動がおこり，日本最初のメーデーも行われた。

(3) 下線部**b**に関して述べた次の文の**X**，**Y**に入る数字と語句の組み合わせとして正しいものを，あとの**ア〜エ**から1つ選び，記号で答えなさい。　（　　　）

　　選挙権が与えられたのは，直接国税を15円以上おさめた，満 __X__ 歳以上の男子のみであった。また，その後開かれた帝国議会は，衆議院と __Y__ の二院制であった。

　ア　X 20　　Y 貴族院　　　　**イ**　X 20　　Y 参議院

　ウ　X 25　　Y 貴族院　　　　**エ**　X 25　　Y 参議院

(4) 下線部**c**ののちに設立された八幡製鉄所について，この製鉄所のある場所を，右の地図中の**ア〜エ**から1つ選び，記号で答えなさい。また，この場所に設立された理由の1つとして，近くの筑豊地方から豊富に産出された資源が，鉄鋼の生産に使われたことがあげられる。その資源は何か，書きなさい。

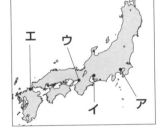

　　　　　場所（　　　）資源（　　　　　　　　）

2 次の問いに答えなさい。[7点×3]〈愛媛〉

(1) 鳥羽・伏見の戦いから始まり，翌年に旧幕府軍が新政府軍に敗北して終わるまでの戦争は，一般に何とよばれているか，その名称を書きなさい。　（　　　　　　　）

(2) 地租改正が行われ，わが国の税制度は，土地の所有者が，所有する土地の __X__ に応じて，税を __Y__ で納めるしくみに改められた。**X**，**Y**にそれぞれあてはまる語句の組み合わせとして正しいものを，次の**ア〜エ**から1つ選び，記号で答えなさい。　（　　　）

　ア｛X 収穫高　Y 貨幣｝　　　　**イ**｛X 収穫高　Y 米｝

　ウ｛X 地価　Y 貨幣｝　　　　**エ**｛X 地価　Y 米｝

(3) 18世紀に，□□□では，インドから輸入されていた綿織物を自国内で生産するための機械が次々と発明され，世界で最初に産業革命が始まった。□□□にあてはまる国の名を書きなさい。　　　　　　　　　　　　　　　（　　　　　　　　　　）

3 次の問いに答えなさい。［7点×3］〈茨城〉

(1) 日米修好通商条約(1858年)に関して，幕府に対する批判が高まった理由を書きなさい。ただし，条約を結んだ大老の名前を右の【語群】の中から1人選び，その人物の名前と「朝廷」という2つの言葉を使いなさい。また，条約の内容に関して説明した次の文中のa，bにあてはまる語の組み合わせを，あとの**ア〜エ**から1つ選び，記号で答えなさい。

【語群】
松平定信　坂本龍馬
井伊直弼　水野忠邦

理由（　　　　　　　　　　　　　　　　　　　　　　　　）

記号（　　　）

> この条約は，関税自主権がないなど，日本にとって不利で不平等な内容であった。そのため，安価な外国製の□ a □などが大量に輸入され，国内の生産地は経済的に大打撃を受けた。のちの政府にとって，不平等条約の改正が重要な外交問題となった。関税自主権が完全に回復するのは，□ b □時代の終わりのことである。

ア ［a　生糸　　　b　明治］　　**イ** ［a　生糸　　　b　大正］
ウ ［a　綿織物　　b　明治］　　**エ** ［a　綿織物　　b　大正］

(2) 下関条約に反対したロシアなどが，遼東半島の返還を日本に要求してきたできごとを何というか，書きなさい。　　　　　　　　　　　（　　　　　　　　　　）

4 右の年表を見て，次の問いに答えなさい。［9点×2］〈埼玉〉

(1) 次の**ア〜エ**は，年表中**A**の時期のできごとについて述べた文です。年代の古い順に並べかえ，記号で答えなさい。

西暦(年)	できごと
1867	大政奉還が行われる……………… ↕A
1889	大日本帝国憲法が発布される…
1894	日清戦争が始まる……………… ↕B
1914	第一次世界大戦が始まる………

ア 板垣退助らが，民撰議院設立建白書を政府に提出した。

イ 会議を開いて世論に基づいた政治を行うことなどを示した，五箇条の御誓文が発布された。

ウ 版籍奉還が行われ，藩主に土地と人民を政府に返させた。

エ 内閣制度ができ，伊藤博文が初代の内閣総理大臣に就任した。

（　　　→　　　→　　　→　　　）

(2) 年表中**B**の時期，中国では，□□□が三民主義を唱えて革命運動を進めた。1911年，武昌で軍隊が反乱を起こすと，革命運動は全国に広がり，多くの省が清からの独立を宣言した。翌年，□□□が臨時大総統になり，アジアで最初の共和国である中華民国が建国された。□□□にあてはまる人物名を答えなさい。　　　（　　　　　　　　　　）

二度の世界大戦と日本，現代の日本と世界

基礎問題

解答 ➡ 別冊解答11ページ

1 第一次世界大戦と日本

① ドイツが連合国と結んだ第一次世界大戦の講和条約を何といいますか。

〔　　　　　　　　　　〕

② アメリカのウィルソン大統領の提案によって設立された，世界平和と国際協調をめざす国際組織を何といいますか。

〔　　　　　　　　　　〕

③ 1919年に朝鮮でおこった，日本からの独立を求める運動を何といいますか。

〔　　　　　　　　　　〕

④ 米騒動の直後に内閣総理大臣になり，本格的な政党内閣を組織した立憲政友会総裁はだれですか。

〔　　　　　　　　　　〕

⑤ 1922年に創設された，差別されてきた人々が自らの力で解放を実現するための組織を何といいますか。

〔　　　　　　　　　　〕

⑥ 1925年に加藤高明内閣が実現した，25歳以上のすべての男子が選挙権をもつ制度を何といいますか。

〔　　　　　　　　　　〕

2 世界恐慌と日本の中国侵略

⑦ 世界恐慌に対してイギリスがとった，本国と植民地の関係を強め，それ以外の国の商品をしめ出す政策を何といいますか。

〔　　　　　　　　　　〕

⑧ ドイツやイタリアで勢力をのばした，反民主主義・反自由主義の全体主義的な独裁政治を何といいますか。

〔　　　　　　　　　　〕

⑨ 1931年に日本の関東軍が柳条湖で南満州鉄道の線路を爆破し，これを機に軍事行動をおこしたできごとを何といいますか。

〔　　　　　　　　　　〕

第一次世界大戦と日本

資料　二十一か条の要求

─ 中国政府は，ドイツが山東省に持っているいっさいの権益を日本にゆずる。

─ 日本の旅順・大連の租借の期限，南満州鉄道の期限を99か年延長する。
（一部要約）

知っトク　アジアの民族運動

・中国…帝国主義に反対する五・四運動。
・朝鮮…日本からの独立をめざす三・一独立運動。

わしく　有権者の増加

全人口にしめる有権者の割合

法改正年	1889	1900	1919	1925	1945
実施年	1890	1902	1920	1928	1946
年齢（以上）	男25	男25	男25	男25	男女20
直接国税（円）	15	10	3	普通選挙	

（『衆議院議員選挙の実績』）

世界恐慌と日本の中国侵略

よくでる　恐慌対策

・イギリス・フランス…本国と植民地の関係を強めるブロック経済。
・アメリカ…国民の購買力を高めるニューディール政策。

⑩ 1936年，陸軍の青年将校が部隊を率いて首相官邸などを襲撃し，東京の中心部を占拠した事件を何といいますか。

〔　　　　　　　　　　〕

⑪ 1940年に結成され，ほとんどの政党が解散して合流した組織を何といいますか。

〔　　　　　　　　　　〕

❸ 第二次世界大戦と日本

⑫ 1940年に日本とドイツ・イタリアが結んだ軍事同盟を何といいますか。

〔　　　　　　　　　　〕

⑬ 1941年，日本軍がハワイの真珠湾を奇襲するとともに，マレー半島に上陸して始まった戦争を何といいますか。

〔　　　　　　　　　　〕

⑭ 日本が連合国に降伏する際に受諾した宣言を何といいますか。

〔　　　　　　　　　　〕

❹ 現代の日本と世界

⑮ 第二次世界大戦後，地主の土地を国が買い上げ，小作人に安く売りわたした改革を何といいますか。

〔　　　　　　　　　　〕

⑯ アメリカを中心とする資本主義陣営と，ソ連を中心とする共産主義陣営とのきびしい対立を何といいますか。

〔　　　　　　　　　　〕

⑰ 1951年に日本が連合国の48か国との間に結び，独立国としての主権を回復した条約を何といいますか。

〔　　　　　　　　　　〕

⑱ 1956年，ソ連との国交を正常化した日本が加盟を認められた国際組織を何といいますか。

〔　　　　　　　　　　〕

⑲ 1950年代後半から1970年代初めにかけて，日本経済が飛躍的に発展をとげたことを何といいますか。

〔　　　　　　　　　　〕

⑳ 1973年，アラブの産油国が原油価格の引き上げなどを行ったことをきっかけに経済が混乱したできごとを何といいますか。

〔　　　　　　　　　　〕

注意! **軍部の台頭**

・五・一五事件…1932年，海軍の青年将校が犬養毅首相を暗殺。政党政治が終わり，軍部が台頭。

・二・二六事件…1936年，陸軍の青年将校が部隊を率いて首相官邸などを襲撃。

よくでる **戦時体制**

・国家総動員法…物資や労働力を戦争に動員。

・大政翼賛会…政党が解散して合流。

第二次世界大戦と日本

資料 **ポツダム宣言**
（部分要約）

7　日本に平和・安全・正義の秩序が建設されるまでは，連合国が日本を占領する。

8　日本の主権がおよぶのは，本州・北海道・九州・四国と，連合国が決める島に限る。

現代の日本と世界

よくでる **農地改革**

| 1940年 | 自作 31.1% | 自小作 42.1% | 小作 26.8% |

その他0.6%

| 1950年 | 61.9% | 32.4% |

5.1%

（「完結昭和国勢総覧」より）

・自作農が大はばに増加。

注意! **選挙権の拡大**

・1925年…男子のみ。年齢は25歳以上。

・1945年…男女とも。年齢は20歳以上。

・2015年…18歳以上。

知っトク **国交の正常化**

・ソ連…1956年に日ソ共同宣言を発表。

・韓国…1965年に日韓基本条約を結ぶ。

・中国…1972年に日中共同声明を発表。

二度の世界大戦と日本，現代の日本と世界

得点

／100点

基礎力確認テスト

解答 ➡ 別冊解答11ページ

1 右の年表を見て，次の問いに答えなさい。[5点×8]〈大分〉

年代	できごと
1912	美濃部達吉が天皇機関説を発表する……… I
1925	ラジオ放送が始まる………
a 1941	小学校が国民学校と改称される
1947	教育基本法が公布される… II
b 1989	吉野ヶ里遺跡から大規模な環濠集落跡が発見される…

(1) Iの期間に関連して，この期間の社会のようすや動きとして適当でないものを，次のア〜エから1つ選び，記号で答えなさい。　（　　　）

　　ア　第1回メーデーの開催　　イ　女性車掌の誕生

　　ウ　女性国会議員の誕生　　エ　全国水平社の創立

(2) 下線部aに関連して，この年に始まった太平洋戦争中のできごとについて述べた次の文のうち，内容が正しいものを，ア〜エから2つ選び，記号で答えなさい。　（　　　）（　　　）

　　ア　日本はアジアの解放を唱え，アメリカ，イギリス，イタリアなどの連合国と戦った。

　　イ　工場や鉱山では労働力が不足し，学生や女性の労働にたよらざるを得なくなった。

　　ウ　戦争初期は日本が勝利を重ねたが，沖縄戦での敗北を境に戦況が不利になった。

　　エ　空襲が激化したため，都市部の小学生は親もとを離れ，集団で地方に疎開した。

(3) 下線部bに関連して，この年に第二次世界大戦後の東西陣営の対立を象徴していた「ベルリンの壁」が壊された。この対立は何と呼ばれていたか，書きなさい。（　　　　　　）

(4) IIの期間に関連して，この期間を4つに区切り，それぞれの説明とできごとを右の表にまとめた。W〜Zにあてはまる説明を，あとのア〜エから1つずつ選び，記号で答えなさい。

	説明	できごと
1947年〜1959年	W	・朝鮮戦争がおこる ・日ソ共同宣言に調印
1960年〜1972年	X	・所得倍増計画を決定 ・東京オリンピックの開催
1973年〜1979年	Y	・石油危機の発生 ・日中平和友好条約の締結
1980年〜1989年	Z	・バブル景気がおこる ・消費税の導入

　　W（　　　）　X（　　　）
　　Y（　　　）　Z（　　　）

　　ア　東海道新幹線が開通するなど社会資本が次々と整備され，高い経済成長が続いた。

　　イ　経済成長率がマイナスとなり，企業は省エネルギー化や経営の合理化を進めた。

　　ウ　サンフランシスコ平和条約の調印や国際連合への加盟により，国際社会に復帰した。

　　エ　自動車，半導体などの輸出が増加し，アメリカとの間で貿易摩擦が激しくなった。

2 次の問いに答えなさい。[7点×4]〈愛媛〉

(1) わが国では，米騒動がおこった年に，□□□□が内閣総理大臣となり，本格的な政党内閣を組織した。□□□□にあてはまる人物名を書きなさい。　（　　　　　　）

(2) 日独伊三国同盟が結ばれた年に，ほとんどの政党や政治団体が解散して，□□□□が結成された。□□□□にあてはまる語句を次の**ア～エ**から１つ選び，記号で答えなさい。

　　ア　立憲政友会　　**イ**　大政翼賛会　　**ウ**　立憲改進党　　**エ**　自由党　　　（　　　）

(3) 農地改革について，右のグラフは，わが国の農家の，1941年と1950年における，経営規模別の戸数の割合を表したものである。

1941年 550万戸	0.5ha未満 33.7%	0.5～1.0ha未満 30.0	1.0～2.0ha 未満26.8		9.5
1950年 618万戸	41.0%	31.9	21.7		5.4

2.0ha以上→

(注)面積は，経営する耕地の規模を示している。

(農林水産省資料による)

また，次の会話文は，直子さんと先生が農地改革について話したときのものである。文中の**A，B**にそれぞれ適当な語句を書き入れて文を完成させなさい。ただし，**A**には「地主の土地」「小作の農家」の２つの語句を，**B**には「経営規模」「割合」の２つの語句を，それぞれ含めること。

> 先生：農地改革が行われ，□**A**□ことにより，わが国では自作の農家が増えました。
> 直子：このグラフで1941年と1950年を比べると，□**B**□という，大まかな変化がわかります。
> 先生：そのとおりです。農地改革の結果，そのような変化がおこったのですね。

A（　　　　　　　　　　　　　　　　　　　　　　　　　　　　　　　　　　　　　　）

B（　　　　　　　　　　　　　　　　　　　　　　　　　　　　　　　　　　　　　　）

3 右の表を見て，次の問いに答えなさい。[6点×3]〈徳島〉

(1) 下線部**a**は，納税額に関係なく一定の年齢に達したものに選挙権をあたえる制度である。□**X**□にあてはまる語句を書きなさい。

　　　　　　　（　　　　　　　）

大正	第１次護憲運動で藩閥の内閣がたおれた。1925年に男子による a □ X □ 選挙の制度ができた。
昭和前期	世界恐慌による不景気で，各国が b 市場を制限する政策をとる一方，日本は c 大陸での勢力を拡大し，「□ Y □国」をつくった。そして，1945年まで戦争が続いた。

(2) 下線部**b**について，イギリスやフランスは，植民地との結びつきを強め，他国の製品をしめ出す政策を行った。この政策を何というか，書きなさい。　（　　　　　　　　　　）

(3) 下線部**c**が国際連盟で認められなかったことから，日本は国際連盟を脱退する。□**Y**□にあてはまる当時の地域の名前を書きなさい。　　　　　　　　（　　　　　　　　　　）

4 次の問いに答えなさい。[7点×2]〈福島〉

(1) 国際連盟の設立時に常任理事国であった国を，次から１つ選び，記号で答えなさい。

　　ア　日本　　　**イ**　ソ連　　　**ウ**　ドイツ　　　**エ**　アメリカ　　　（　　　）

(2) 五・一五事件に続き，1936年には二・二六事件がおこった。この２つの事件ののち，国内の政治はどのように変化したか。次の２つの語句を用いて書きなさい。

政党政治　　　軍部

（　　　　　　　　　　　　　　　　　　　　　　　　　　　　　　　　　　　　　　）

現代社会の特色，日本国憲法

基礎問題

解答 ➡ 別冊解答12ページ

1 現代社会とわたしたちの生活・文化

① 国際社会において，人やもの，お金などが国境を越えて自由に移動し，世界の一体化が進んでいることを何といいますか。

〔　　　　　　　　　　〕

② ＩＣＴ〔情報通信技術〕が発達し，社会において情報のもつ価値が高まる傾向を何といいますか。

〔　　　　　　　　　　〕

③ 出生率の低下から子どもの割合が減り，平均寿命ののびから高齢者の割合が高まる傾向を何といいますか。

〔　　　　　　　　　　〕

④ 夫婦と子ども，父母のうち一方と子ども，夫婦のみからなる家族形態を何といいますか。

〔　　　　　　　　　　〕

⑤ 毎年一定の時期にくり返される，正月や端午の節句，お盆などの行事を何といいますか。

〔　　　　　　　　　　〕

⑥ 対立を解決する上で，金，もの，労力などを無駄なく使おうという考え方は何ですか。

〔　　　　　　　　　　〕

⑦ 対立を解決する上で，みんなが参加できるか，機会が平等で結果が不当でないかという考え方は何ですか。

〔　　　　　　　　　　〕

2 人権思想の発達と日本国憲法

⑧ 日本国憲法の基本原則の１つで，国の政治のあり方を最終的に決めるのは国民であるという原則は何ですか。

〔　　　　　　　　　　〕

現代社会とわたしたちの生活・文化

資料　年齢別人口割合

	0〜14歳	15〜64歳	65歳以上
1970年	24.0%	68.9	7.1
1980年	23.5%	67.4	9.1
1990年	18.2%	69.7	12.1
*2000年	14.6%	68.1	17.4
2019年	12.1%	59.5	28.4

0% 20 40 60 80 100

※四捨五入の関係で合計が100%にならない。2019年は推計。
（2020/21年版「日本国勢図会」）

資料　家族構成の変化

0万世帯 1000　2000　3000　4000　5000　6000

	夫婦と子ども	夫婦のみ	1人親と子ども	1人世帯	その他の世帯
1980年	44.2	13.1%	20.9	6.0	15.8
2015年	26.9	20.2%	8.9	34.5	9.5

（2020/21年版「日本国勢図会」他）

くわしく　おもな日本の年中行事

1月	正月
2月	節分
3月	桃の節句，彼岸会
5月	端午の節句
7月	七夕
8月	お盆
9月	彼岸会
11月	七五三
12月	大掃除（すすはらい）

人権思想の発達と日本国憲法

注意！　人権思想家

ロック…『統治二論』で抵抗権を説く。

モンテスキュー…『法の精神』で三権分立を説く。

ルソー…『社会契約論』で人民主権を説く。

⑨ 日本国憲法において，天皇は日本国と日本国民統合の何と定められていますか。

〔　　　　　　　　　　〕

⑩ 憲法は，法の体系の最上位に位置することから，何とよばれますか。

〔　　　　　　　　　　〕

❸ 基本的人権の尊重

⑪ 自由権のうち，思想・良心の自由，信教の自由，集会・結社・表現の自由，学問の自由からなる自由を何といいますか。

〔　　　　　　　　　　〕

⑫ 自由権のうち，財産権や，職業選択の自由などからなる自由を何といいますか。

〔　　　　　　　　　　〕

⑬ 社会権のうち，健康で文化的な最低限度の生活を営む権利を何といいますか。

〔　　　　　　　　　　〕

⑭ 人権と人権の衝突を解決するため，日本国憲法が定めている「国民全体の利益」という意味の言葉を，何といいますか。

〔　　　　　　　　　　〕

⑮ 日本国憲法が定める国民の義務は，子どもに普通教育を受けさせる義務，勤労の義務ともう1つは何ですか。

〔　　　　　　　　　　〕

❹ 新しい人権と国際社会の中の人権

⑯ 環境権への配慮として，大規模な開発に際して行われることは何ですか。

〔　　　　　　　　　　〕

⑰ 情報公開法や情報公開条例は，国民の何という権利を保障するために定められましたか。

〔　　　　　　　　　　〕

⑱ 私生活や個人情報を秘密にしておく権利を何といいますか。

〔　　　　　　　　　　〕

⑲ 1948年に国際連合で採択された，世界各国の人権保障の模範となる文書は何ですか。

〔　　　　　　　　　　〕

よくでる 日本国憲法の三大原則

- 国民主権…主権は国民に。天皇は象徴。
- 基本的人権の尊重…永久の権利として認める。
- 平和主義…戦争をしない。

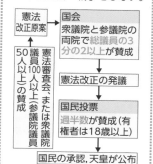

基本的人権の尊重

よくでる 自由権

- 身体の自由…奴隷的拘束からの自由など。
- 精神の自由…思想・信教・集会・表現の自由など。
- 経済活動の自由…居住・移転・職業選択の自由など。

よくでる 社会権

- 生存権…健康で文化的な最低限度の生活を営む権利。
- 教育を受ける権利
- 勤労の権利
- 労働基本権〔労働三権〕…団結権，団体交渉権，団体行動権〔争議権〕。

新しい人権と国際社会の中の人権

よくでる 新しい人権

- 環境権…良好な環境を求める権利。
- 知る権利…国や地方公共団体の持つ情報を知る権利。
- プライバシーの権利…私生活を秘密にする権利。
- 自己決定権…自分の生き方を自分で決める権利。インフォームド・コンセントなど。

現代社会の特色，日本国憲法

基礎力確認テスト

解答 ➡ 別冊解答12ページ

1 次の問いに答えなさい。[9点×2]〈三重〉

(1) 右の**資料1**は，1980年と2019年の，日本の人口総数と年齢別人口割合を示したものである。**資料1**から読み取れる現代日本の特色として最も適当なものはどれか，次の**ア〜エ**から1つ選び，記号で答えなさい。

資料1

年	人口総数（千人）	年齢別人口割合（％）		
		0〜14歳	15〜64歳	65歳以上
1980	117,060	23.5	67.4	9.1
2019	126,167	12.1	59.5	28.4

(2019年は推計)(2020/21年版「日本国勢図会」)

（　　　）

ア 過疎化　　**イ** 情報化　　**ウ** 少子高齢化　　**エ** グローバル化

(2) 右の**資料2**は，日本のおもな年中行事を示したものである。「端午の節句」という年中行事を**資料2**に記入するとき，何月に記入すればよいか，最も適当なものを**資料2**の**ア〜エ**から1つ選び，記号で答えなさい。

（　　　）

資料2

1月	2月	3月	5月	7月
初もうで	ア	ひな祭り	イ	七夕

8月	9月	11月	12月
お盆	ウ	七五三	エ

2 次の問いに答えなさい。[9点×2]〈高知〉

(1) 人権の保障の発展と広がりに関する次の**ア〜エ**のできごとを，年代の古いものから順に並べ，記号で答えなさい。（　　→　　→　　→　　）

ア すべての国が達成すべき共通の人権保障の基準を示した世界人権宣言が国際連合で採択される。

イ 人間らしく生きるための権利である社会権をはじめて保障したドイツのワイマール憲法が制定される。

ウ 人はみな生まれながらに平等で，侵されることのない権利をもっているという考え方を取り入れたアメリカ独立宣言が出される。

エ 「国民主権」，「基本的人権の尊重」，「平和主義」を三つの基本原則とした日本国憲法が制定される。

(2) 次の文は，憲法の改正に必要な手続きを定めた日本国憲法第96条第1項である。文中の　a　〜　c　に当てはまることばの組み合わせとして正しいものを，次のページの**ア〜エ**から1つ選び，記号で答えなさい。（　　　）

　この憲法の改正は，各議院の総議員の　a　の賛成で，国会が，これを発議し，国民に提案してその承認を経なければならない。この承認には，特別の　b　又は国会の定める選挙の際行はれる投票において，その　c　の賛成を必要とする。

ア　a－3分の2以上　　b－国民投票　　c－過半数

イ　a－3分の2以上　　b－国民審査　　c－3分の2以上

ウ　a－過半数　　　　b－国民審査　　c－過半数

エ　a－過半数　　　　b－国民投票　　c－3分の2以上

3 次の問いに答えなさい。[7点×4]〈大阪〉

(1) 次の文は，日本国憲法の条文の一部である。文中の￣￣￣￣￣の箇所に用いられている語を書きなさい。　　　　　　　　　　　　　　　　　　　　　　（　　　　　　　　　　）

「この憲法は，国の￣￣￣￣￣であつて，その条規に反する法律，命令，詔勅及び国務に関するその他の行為の全部又は一部は，その効力を有しない。」

(2) 次のP～Rの文は，日本国憲法で保障されている基本的人権にかかわることについて述べたものである。P～Rの文をその内容から平等権，社会権，自由権に分けるとすれば，それぞれどの権利になるか。あとの**ア**～**ウ**から最も適しているものを1つずつ選び，記号で答えなさい。　　　　　　　　　　　　　P（　　）　Q（　　）　R（　　）

P　すべて国民は，勤労の権利を有し，義務を負う。

Q　何人も，法律の定める手続きによらなければ，刑罰を科せられない。

R　法の下で，政治的，経済的又は社会的関係において，差別されない。

　ア　平等権　　**イ**　社会権　　**ウ**　自由権

4 次の問いに答えなさい。[9点×4]〈福島〉

(1) 次の文は，国際平和主義について，その内容が示されている日本国憲法の条文の一部である。￣X￣，￣Y￣にあてはまる語句を書きなさい。

> 陸海空軍その他の￣X￣は，これを保持しない。国の￣Y￣は，これを認めない。

　　　　　　　　　　　　　　　　X（　　　　　　　　　　）　Y（　　　　　　　　　）

(2) 基本的人権について述べた文として正しいものを，次の**ア**～**エ**から1つ選び，記号で答えなさい。　　　　　　　　　　　　　　　　　　　　　　　　　　　　　　（　　　）

　ア　大日本帝国憲法には，基本的人権は規定されていなかった。

　イ　日本国憲法のもとでは，基本的人権は一切の制約を受けることなく保障されている。

　ウ　日本国憲法は，世界で初めて生存権などの社会権を規定した憲法である。

　エ　日本国憲法の規定する自由権は，身体の自由，経済活動の自由，精神の自由である。

(3) 次の**ア**～**エ**から，「新しい人権」の1つである「自己決定権」と最も関係のあるものを1つ選び，記号で答えなさい。　　　　　　　　　　　　　　　　　　　　（　　　）

　ア　インフォームド・コンセント　　　**イ**　個人情報保護制度

　ウ　オンブズマン　　　　　　　　　　**エ**　環境アセスメント

民主政治のしくみ

学習日　　月　　日

基礎問題

解答 ➜ 別冊解答13ページ

1 国民の政治参加と選挙

① 1つの選挙区から1人の代表を選出する選挙制度は何ですか。

〔　　　　　　　　　　　〕

② 得票数に応じて政党に議席を配分する選挙制度は何ですか。

〔　　　　　　　　　　　〕

③ 選挙区によって議員1人に対する有権者数が異なり，1票の価値が異なることを何といいますか。

〔　　　　　　　　　　　〕

④ 選挙のときに政党が示す，財源や期日を明らかにして実現したい政策を明記した公約を何といいますか。

〔　　　　　　　　　　　〕

⑤ 複数の政党によって内閣が組織された政権を何といいますか。

〔　　　　　　　　　　　〕

2 国会

⑥ 日本国憲法は，国会を，国権の最高機関であり，国の唯一の何であると定めていますか。

〔　　　　　　　　　　　〕

⑦ 予算や法律案の議決，条約の承認，内閣総理大臣の指名で，衆議院の議決が参議院よりも優先されることを何といいますか。

〔　　　　　　　　　　　〕

⑧ 予算の議決，条約の承認，内閣総理大臣の指名で参議院が衆議院と異なる議決をした場合に開かれるのは何ですか。

〔　　　　　　　　　　　〕

⑨ 毎年1月に召集され，おもに予算の審議を行う国会は何ですか。

〔　　　　　　　　　　　〕

⑩ 国会が政治の実際を調べるために，証人を議院によんだり，政府に記録を提出させたりする権限を何といいますか。

〔　　　　　　　　　　　〕

国民の政治参加と選挙

注意！ 与党と野党

- 与党…政権を担当。
- 野党…政権を批判・監視。

よくでる 選挙の4原則

- 普通選挙…年齢以外の制限がない選挙。
- 平等選挙…1人1票の投票。
- 直接選挙…候補者に投票。
- 秘密選挙…無記名で投票。

国会

くわしく 衆議院と参議院の比較

	衆議院	参議院
議員数	465人	※245人
任期	4年 解散あり	6年 解散なし。 3年ごとに 半数改選
選挙権	満18歳以上	満18歳以上
被選挙権	満25歳以上	満30歳以上
選挙区	小選挙区 289人 比例代表 176人	選挙区 147人 比例代表 98人

※ 2022年から248人（選挙区148人，比例代表100人）となる。

よくでる 衆議院の優越

- 法律案の議決…衆議院で可決し，参議院で異なる議決→衆議院が出席議員の3分の2以上の多数で再可決→法律になる。
- 予算の議決，条約の承認，内閣総理大臣の指名…両院協議会でも意見が不一致。または，参議院が衆議院の議決した議案を受け取った後，30日以内（内閣総理大臣の指名の場合は10日以内）に議決しない→衆議院の議決が国会の議決になる。
- 予算の先議，内閣不信任決議

❸ 内閣

⑪ 内閣は，国会で指名される□□□とその他の国務大臣とで構成される。□□□にあてはまる語句は何ですか。

〔　　　　　　　　　　　〕

⑫ 内閣が外国と結び，国会が承認するものは何ですか。

〔　　　　　　　　　　　〕

⑬ 内閣が国会の信任のもとに成り立ち，国会に対して連帯して責任を負うしくみを何といいますか。

〔　　　　　　　　　　　〕

⑭ 衆議院が内閣不信任決議を行った場合，内閣は，10日以内に衆議院を解散しない場合，何をしなければなりませんか。

〔　　　　　　　　　　　〕

⑮ 簡素で効率的な行政を目指す改革を何といいますか。

〔　　　　　　　　　　　〕

❹ 裁判所・三権分立

⑯ 「憲法の番人」ともよばれる裁判所は何ですか。

〔　　　　　　　　　　　〕

⑰ 判決の確定後，裁判の誤りが疑われる場合に，裁判をやり直す制度を何といいますか。

〔　　　　　　　　　　　〕

⑱ 一般の国民が重大な刑事事件の裁判に参加し，裁判官とともに有罪・無罪や，有罪の場合の刑の内容を決める制度は何ですか。

〔　　　　　　　　　　　〕

⑲ 立法権，行政権，司法権を，それぞれ国会，内閣，裁判所に受け持たせ，均衡を保つしくみを何といいますか。

〔　　　　　　　　　　　〕

❺ 地方自治

⑳ 地域の政治を地域の住民が行うことから，地方自治は何とよばれますか。

〔　　　　　　　　　　　〕

㉑ 地方公共団体が法律の範囲内で定めるきまりを何といいますか。

〔　　　　　　　　　　　〕

㉒ 地方公共団体に国が交付する，使途が自由な資金は何ですか。

〔　　　　　　　　　　　〕

知っトク 法律制定の流れ

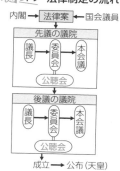

内閣

よくでる 議院内閣制

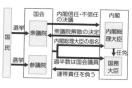

裁判所・三権分立

よくでる 三審制

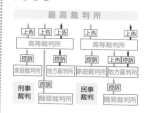

よくでる 三権分立

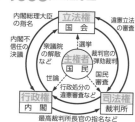

地方自治

よくでる 直接請求権

内　容	必要な署名数	請求先
議会の解散	有権者の $\frac{1}{3}$ 以上	選挙管理委員会
議員・首長の解職		
主要な職員の解職		首　長
条例の制定，改廃	有権者の $\frac{1}{50}$ 以上	首　長
監査		監査委員

1日目
2日目
3日目
4日目
5日目
6日目
7日目
8日目
9日目
10日目
11日目
12日目
13日目
14日目

民主政治のしくみ

得点

/100点

基礎力確認テスト

解答 ➡ 別冊解答13ページ

1 次の問いに答えなさい。[6点×5]〈大分〉

(1) 代表者を選挙で選び，その代表者が話し合って物事を決めるやり方のことを何というか。漢字5字で書きなさい。

（　　　　　　　　　）

(2) **資料1**は，大分県の平成30年度一般会計当初予算の歳入総額の内訳(％)を示したものである。（　A　）にあてはまる，国から配分される財源を何というか，書きなさい。

（　　　　　　　　　）

資料1

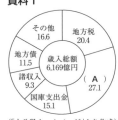

（「大分県ホームページ」より作成）

(3) **資料2**は，2019年における衆議院と参議院の選挙制度等の違いを示したものである。（　B　），（　C　）にあてはまる数字の組み合わせとして最も適当なものを，次から1つ選び，記号で答えなさい。

ア B：20　C：3　　**イ** B：20　C：4

ウ B：30　C：3　　**エ** B：30　C：4

（　　　　）

資料2

	選挙制度	被選挙権年齢	議員定数	任期
衆議院	小選挙区比例代表並立制	満25歳以上	465人	（　C　）年
参議院	都道府県単位の選挙区選挙と全国1区の比例代表制	満（　B　）歳以上	245人※	6年（3年ごとに半数改選）

※2022年から248人に増える予定

(4) 次の文は，**資料3**について述べたものである。文中の（　D　）にあてはまる語句を5字で書きなさい。また，（　E　）にあてはまる内容を書きなさい。

　　資料3は，2012年の衆議院議員総選挙に関するものであり，最高裁判所は，**資料3**の状況に対して違憲状態であるという判決を出した。この問題は（　D　）と呼ばれるものであり，違憲状態とされた理由は（　E　）である。

D（　　　　　　　　　）

E（　　　　　　　　　）

資料3

選挙区	議員1人あたりの有権者数
千葉4区	49万7,601人
神奈川10区	49万4,143人
長崎3区	20万9,951人
高知3区	20万4,930人

（総務省資料）

2 次の問いに答えなさい。[7点×4]〈和歌山〉

(1) 国会は，日本国憲法でどのような機関であると位置づけられていますか，次の語句を用いて，簡潔に書きなさい。

　　国権　　立法

（　　　　　　　　　）

(2) 予算の議決や条約の承認などにおいて，衆議院と参議院の議決が一致しない場合に開かれるのは何ですか，次の**ア～エ**から1つ選び，記号で答えなさい。　（　　　）

ア　両院協議会　　イ　特別会　　ウ　公聴会　　エ　臨時会

(3) 地方公共団体の首長について適切に述べているものを，次の**ア～オ**からすべて選び，記号で答えなさい。　（　　　　　　　）

ア　被選挙権は，市町村・都道府県ともに満25歳以上である。

イ　条例の制定・改廃を求める直接請求権の請求先である。

ウ　法律の範囲内で条例を制定する。　　エ　地方公共団体の予算を決定する。

オ　地方議会に対して解散権をもつ。

(4) 次の文は，地方自治の特徴について書かれたものです。文中の　　　　にあてはまる語句を書きなさい。　（　　　　　　　）

住民が地域を自ら治めることから，「地方自治は　　　　の学校」といわれています。

3 次の問いに答えなさい。[7点×4]〈長崎〉

(1) 次の日本国憲法の条文を読んで，あとの問いに答えなさい。

第66条③　**a**内閣は，行政権の行使について，**b**国会に対し連帯して　X　を負う。

① X にあてはまる語を書きなさい。　（　　　　　　　）

②下線部**a**の権限として正しいものを次から1つ選び，記号で答えなさい。　（　　　）

ア　条約の締結　　イ　憲法改正の発議　　ウ　予算の議決　　エ　条例の制定

③下線部**b**に関する文として，正しいものを次の**ア～エ**から1つ選び，記号で答えなさい。　（　　　）

ア　国会に提出される法律案には，内閣によるものと国会議員によるものがある。

イ　国会に提出された法律案は，すべて参議院より先に衆議院で審議される。

ウ　国会で法律を制定するには，必ず衆議院と参議院の両方が可決しなければならない。

エ　国会で制定された法律を国民に公布するのは，法務大臣である。

(2) 国民が裁判に参加する裁判員制度に関する文として正しいものを，次の**ア～エ**から1つ選び，記号で答えなさい。　（　　　）

ア　裁判員は，高等裁判所で行われる重大な刑事事件の裁判に参加する。

イ　裁判員は，すべての国民のなかからくじで選ばれる。

ウ　裁判員は，同じ人数の裁判官とともに裁判に参加する。

エ　裁判員は，被告人が有罪の場合には刑罰の内容の決定にも参加する。

4 右の図は，日本の立法権（国会）・行政権（内閣）・司法権（裁判所）の三権分立のしくみを表している。図中の**ア～カ**の矢印のうち，①・②にあたるものをそれぞれ1つずつ選びなさい。[7点×2]〈徳島〉

①　違憲立法審査　（　　　）　　　②　衆議院の解散　（　　　）

経済と財政

学習日　　　　月　　　日

基礎問題

解答 ➡ 別冊解答14ページ

1 消費生活と流通

① 食料費や交通・通信費など，日常生活に必要なものやサービス
に対する支出を何といいますか。

〔　　　　　　　　　　　　　〕

② 消費者が訪問販売などで契約をした場合，一定の期間内であれ
ば無条件で契約を取り消すことができる制度を何といいますか。

〔　　　　　　　　　制度〕

③ 商品の欠陥によって消費者が被害を受けた場合，製造者である
企業に過失がなくても救済を義務づけた法律を何といいますか。

〔　　　　　　　　　　　　　〕

④ 商品の流通をになう，卸売業・小売業などを何といいますか。

〔　　　　　　　　　　　　　〕

2 生産と労働

⑤ 企業が労働者を雇って，利潤を得ることを目的として生産を行
う経済のしくみを何といいますか。

〔　　　　　　　　　経済〕

⑥ 地方公営企業や特殊法人・独立行政法人など，利潤を得ること
を直接の目的としない企業を何といいますか。

〔　　　　　　　　　　　　　〕

⑦ 株式の発行によって得られた資本をもとに設立され，出資者は
利潤の一部を配当として受け取る会社を何といいますか。

〔　　　　　　　　　　　　　〕

⑧ 労働者が団結権にもとづいて結成し，労働条件の維持・改善の
ために活動する組織を何といいますか。

〔　　　　　　　　　　　　　〕

⑨ 労働三法のうち，賃金・労働時間などの労働条件の最低基準を
定めた法律を何といいますか。

〔　　　　　　　　　　　　　〕

消費生活と流通

資料　消費支出の内訳

	7万9531円	29万3379円
食料費	34.1%	25.7%
住居費	4.9	5.8
被服・はき物費	9.5	3.9
交通・通信費	5.2	14.9
教養・娯楽費	9.0	10.0
その他	37.3	39.9
	1970年	2019年

二人以上世帯1か月平均
（2020/21年版「日本国勢図会」）

生産と労働

くわしく　株式会社のしくみ

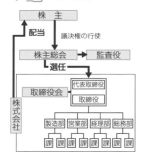

注意！　労働三権
・団結権…労働組合を結成。
・団体交渉権…労働組合が
　労働条件を使用者と交渉。
・団体行動権〔争議権〕…ス
　トライキなどを実行。

知っトク　労働三法
・労働組合法…労働三権を
　具体的に保障する。
・労働関係調整法…争議解
　決の手続きを定める。
・労働基準法…労働条件の
　最低基準を定める。

❸ 価格の動きと金融

⑩ 需要量と供給量が一致したときの価格を何といいますか。

〔　　　　　　　　　　　　〕

⑪ いろいろな商品の価格をひとまとめにして，平均化したものを何といいますか。

〔　　　　　　　　　　　　〕

⑫ 独占の弊害を防いで自由競争をうながすことを目的とし，公正取引委員会が運用にあたっている法律を何といいますか。

〔　　　　　　　　　　　　〕

⑬ 国や地方公共団体が決定・認可する価格を何といいますか。

〔　　　　　　　　　　　　〕

⑭ 資金が不足している者と，資金に余裕がある者との間で行われる資金の貸し借りを何といいますか。

〔　　　　　　　　　　　　〕

⑮ 紙幣を発行するとともに金融政策を行っている，日本の中央銀行を何といいますか。

〔　　　　　　　　　　　　〕

❹ 財政と国民生活

⑯ 所得税・法人税など，税金を納める者と負担する者が同じ税金を何といいますか。

〔　　　　　　　　　　　　〕

⑰ 所得税に適用されている，所得が多くなるほど高い税率を課す制度を何といいますか。

〔　　　　　　　　　　　　〕

⑱ 税収が不足したときに発行される債券を何といいますか。

〔　　　　　　　　　　　　〕

⑲ 2000年に導入された，介護が必要な人に在宅ケアなどのサービスを提供する制度を何といいますか。

〔　　　　　　　　　　制度〕

⑳ 1993年に制定された，環境保全のために国や地方などの責務を定めた法律を何といいますか。

〔　　　　　　　　　　　　〕

㉑ 為替相場において，1ドル＝150円が1ドル＝100円になるようにドルに対して円の価値が高くなることを何といいますか。

〔　　　　　　　　　　　　〕

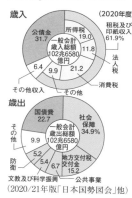

経済と財政

得点

／100点

基礎力確認テスト

解答 ➡ 別冊解答14ページ

1 右の図を見て，次の問いに答えなさい。[6点×7]〈栃木〉

(1) 下線部**a**のとき，一般的に物価が上昇し続ける現象がみられる。これを何といいますか。

（　　　　　　　）

	a好況時
企業	・ものがよく売れ，生産量を増やす。 ・**b**労働者の給料を上げる。
家計	・収入が増え，**c**消費を増やす。
政府	・公共事業を減らして，**d**財政の支出を減らす。
日本銀行	・金融政策の一つとして，国債などを　Ⅰ　，世の中に出回るお金の量を　Ⅱ　。

(2) 下線部**b**に関して，労働三権のうち，労働組合が賃金やその他の労働条件について，使用者と対等な立場で話し合う権利を何といいますか。　　　　　　　　　　　　　　　　　　　　　　　　　（　　　　　　　　　　　）

(3) 下線部**c**に関して，消費者が訪問販売などで商品購入の契約を結んだ場合でも，一定期間内であれば無条件で契約を解除できる制度を何といいますか。（　　　　　　　制度）

(4) 下線部**d**に関して，次の問いに答えなさい。

① 右の**グラフ1**は，わが国の予算（2020年度）のうち，一般会計歳出の内訳を示したものである。**A**にあてはまるものを，次から1つ選び，記号で答えなさい。　（　　　　　）

ア 文教および科学振興費　　**イ** 公共事業費

ウ 社会保障関係費　　**エ** 防衛関係費

グラフ1

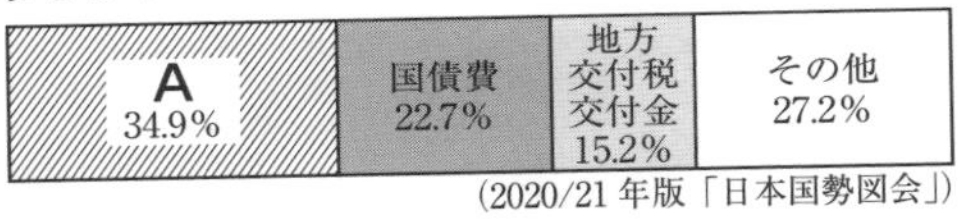

A 34.9%	国債費 22.7%	地方 交付税 交付金 15.2%	その他 27.2%

(2020/21年版「日本国勢図会」)

② **グラフ2**は，一般会計歳出のうち，国債の返済にあてる国債費の割合を表したものである。国の歳出に占める国債費の割合はどのように変化しているか。また，これまで国債を発行し続けてきたことが国債費以外の歳出にどのような影響を与えているか，それぞれ簡潔に書きなさい。

変化（　　　　　　　　　　　　　　　　　　　　　　　　　）

影響（　　　　　　　　　　　　　　　　　　　　　　　　　）

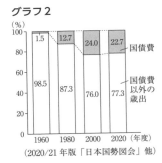

グラフ2

(2020/21年版「日本国勢図会」他)

(5) 図中の　Ⅰ　，　Ⅱ　にあてはまる語の組み合わせを，次から1つ選び，記号で答えなさい。　（　　　　　）

ア Ⅰ－買い　Ⅱ－増やす　　　**イ** Ⅰ－買い　Ⅱ－減らす

ウ Ⅰ－売り　Ⅱ－増やす　　　**エ** Ⅰ－売り　Ⅱ－減らす

2 次の問いに答えなさい。[8点×2]〈和歌山〉

(1) 貿易を行う場合や，海外に旅行する場合，自国の通貨と他国の通貨を交換する必要がある。このときの交換比率を何というか，答えなさい。　（　　　　　　　　　　　）

(2) 右の図は，円高または円安になったと
きに，日本がアメリカから2万ドルの
自動車を輸入した場合の円に換算した
価格を模式的に示したものです。図中
のA〜Dにあてはまる語や数値の組み

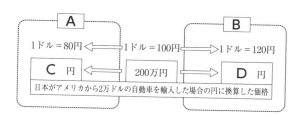

合わせとして正しいものを，次から1つ選び，記号で答えなさい。

ア A−円高　B−円安　C−240万　D−160万

イ A−円安　B−円高　C−240万　D−160万

ウ A−円高　B−円安　C−160万　D−240万

エ A−円安　B−円高　C−160万　D−240万

（　　　　）

3 右の図を見て，次の問いに答えなさい。[7点×5]〈兵庫・改〉

(1) 図は，家計，企業，政府の結びつきを示したもので
ある。①，②に入るものとして適切なものを，次の
ア〜エから1つずつ選び，記号で答えなさい。

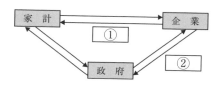

①(　　　　) ②(　　　　)

ア 労働力　イ 賃金　ウ 税金　エ 公共サービス

(2) 図中の政府に関して，企業の健全な競争を維持するための独占禁止法を運用する機関を
何というか，書きなさい。（　　　　　　　　　　）

(3) 福祉の充実をはかるため，2000年に新たな社会保障制度が導入された。40歳以上の全
員が加入し，図中の政府(国や地方公共団体)などからサービスが受けられる制度を何と
いうか，書きなさい。（　　　　　　　　　　）

(4) 図中の企業に関して，企業の多くが株式会社という形態をとっている。株式会社のしく
みにおいて，株式を所有している人が出席し，事業の基本方針の決定や経営者の選出な
どを行う機関を何というか，書きなさい。（　　　　　　　　　　）

4 右の図は梨の価格が1個100円のとき，需要量と供
給量が，ともに1000個で等しくなっている状態を
表している。社会全体の梨に対する需要量は変わら
ないとして，台風などの影響で，梨が不作になった
とき，図中のグラフはどのように移動し，梨の価格
はどうなるか。最も適当なものを，次のア〜エから
1つ選び，記号で答えなさい。[7点]〈大分〉

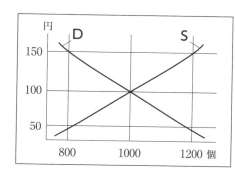

（　　　　）

ア Dが右に移動し価格が上がる　　　イ Dが左に移動し価格が下がる

ウ Sが左に移動し価格が上がる　　　エ Sが右に移動し価格が下がる

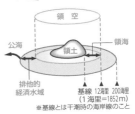

14 日目 国際社会

学習日　　月　　日

基礎問題

解答 ➡ 別冊解答15ページ

1 主権国家と地域主義

① 国家の主権がおよぶ領域は，領土，領海と何からなりますか。

〔　　　　　　　　〕

② 条約や国際慣習法などからなる，国際社会において守らなければならないきまりを何といいますか。

〔　　　　　　　　〕

③ 同じ問題をかかえている国々が，特定の地域内でまとまりをつくり，協調・協力を強めようとする動きを何といいますか。

〔　　　　　　　　〕

④ 1993年にヨーロッパ共同体〔EC〕を発展させて発足し，政治や経済の統合をめざしている国際組織を何といいますか。

〔　　　　　　　　〕

⑤ 日本や中国・アメリカなど，太平洋を取りまく国や地域によって，毎年開催されている会議を何といいますか。

〔　　　　　　　　〕

2 国際連合

⑥ すべての国際連合加盟国から構成され，年1回定期的に開かれ，世界のさまざまな問題を討議する機関を何といいますか。

〔　　　　　　　　〕

⑦ 安全保障理事会の5常任理事国に認められている，1国でも反対すると議決が成立しない権限を何といいますか。

〔　　　　　　　　〕

⑧ 国際連合の主要機関の1つで，国家間の紛争解決のための裁判を行う機関を何といいますか。

〔　　　　　　　　〕

⑨ 子ども〔児童〕の権利条約にもとづき，子どもの生存と成長を守るための活動を行っている国際連合の機関を何といいますか。

〔　　　　　　　　〕

主権国家と地域主義

知っトク 主権国家の領域

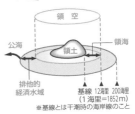

領空／公海／領海／領土／排他的経済水域／基線　12海里（1海里＝1852m）200海里
※基線とは干潮時の海岸線のこと

くわしく 地域主義
・EU→ヨーロッパ
・ASEAN→東南アジア
・APEC→太平洋沿岸
・USMCA→北アメリカ

国際連合

よくでる 国際連合のしくみ

各種機関／経済社会理事会／専門機関／国際司法裁判所／総会／信託統治理事会（休止中）／事務局／安全保障理事会

注意! 国連の機関
・UNICEF…国連児童基金。子どもの生存を守り，すこやかに育つ環境を確保する。
・UNESCO…国連教育科学文化機関。文化の交流を通じて平和の実現をはかる。世界遺産の登録と保護に取り組む。

⑩ 文化の交流を通じて平和の実現をめざすとともに，世界遺産の登録などを行っている国際連合の専門機関を何といいますか。

〔　　　　　　　　　　　　　　〕

⑪ 国際連合が紛争地域で行っている，停戦監視などの活動を何といいますか。

〔　　　　　　　　　　　　　　〕

❸ 国際社会の動き

⑫ 冷戦の終結後も世界各地で続いている，民族対立や宗教対立などを原因としておこる内戦や武力衝突を何といいますか。

〔　　　　　　　　　　　　　　〕

⑬ 武力紛争や人権侵害をのがれるために国境をこえた人々を何といいますか。

〔　　　　　　　　　　　　　　〕

⑭ 1968年に調印された，特定の核保有国以外の国々が核兵器を持つことを禁じた条約を何といいますか。

〔　　　　　　　　　　　　　　〕

⑮ 発展途上国に対する，先進国の政府による経済援助を何といいますか。

〔　　　　　　　　　　　　　　〕

⑯ 発展途上国で経済協力や教育・医療などの活動を進めている民間の非政府組織のことをアルファベットで何といいますか。

〔　　　　　　　　　　　　　　〕

❹ 国際社会の諸問題

⑰ 1992年にブラジルで開催され，地球環境の保全と持続可能な開発の実現などについて討議された会議を何といいますか。

〔　　　　　　　　　　　　　　〕

⑱ 1997年の地球温暖化防止京都会議で採択された，先進国に温室効果ガスの排出量削減を義務づけた取り決めを何といいますか。

〔　　　　　　　　　　　　　　〕

⑲ 地球温暖化など環境への影響が少ない，太陽光・風力・地熱・バイオマスなどの自然エネルギーをまとめて何といいますか。

〔　　　　　　　　　　　　　　〕

⑳ 先進国と発展途上国との経済格差の問題を何といいますか。

〔　　　　　　　　　　　　　　〕

よくでる◀ おもな専門機関

・WHO…世界保健機関。感染症の予防や健康の増進をはかる。
・ILO…国際労働機関。各国の労働者の労働条件の維持と向上をはかる。

国際社会の動き

資料 ODA〔政府開発援助〕の国別割合

2000年 537億ドル		2019年 1528億ドル	
日本	25.1%	アメリカ合衆国	22.7%
アメリカ合衆国	18.5	ドイツ	15.6
ドイツ	9.4	イギリス	12.7
イギリス	8.4	日本	10.1
フランス	7.6	フランス	8.0
その他	31.0	その他	30.9

(2020/21年版「世界国勢図会」他)

注意！ NGOとNPO

・NGO…民間の非政府組織。国際的に活動する。
・NPO…非営利組織。利益を目的としない活動を行う。

国際社会の諸問題

くわしく 地球環境問題のメカニズム

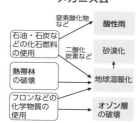

知っトク 国際社会の問題

・南北問題…先進国と発展途上国の間の経済格差の問題。
・南南問題…発展途上国の中で，資源に恵まれた国と恵まれない国との間の経済格差の問題。

国際社会

基礎力確認テスト

解答 ➡ 別冊解答15ページ

1 次の資料は，Aさん，Bさんが「国際社会の中の日本」に関してそれぞれテーマを決め，まとめたものの一部である。あとの問いに答えなさい。[7点×3]〈福島・改〉

> Aさん　国際連合と日本について
> 　a国際連合は，世界の平和維持と国際紛争の解決を目的として，安全保障理事会を中心に，これに取り組んでいます。また，b関連する機関をとおして，世界の人々の生活の向上にも貢献しています。日本は，加盟国の中で3番目(2019～21年)に多くの資金を分担しています。

> Bさん　核軍縮と日本について
> 　世界各地で起きている紛争を解決し，また，その発生を防ぐために，軍縮は重要です。中でも，核兵器については，冷戦期から今日まで，c制限，削減する試みが続けられてきました。日本は唯一の被爆国として非核三原則をかかげ，核兵器の廃絶をうったえています。

(1) 下線部**a**について，右の表は，国際連合加盟国数の推移を地域別に表している。**ア～エ**は，アジア，オセアニア，アフリカ，南北アメリカのいずれかである。アフリカにあてはまるものを，表中の**ア～エ**から1つ選び，記号で答えなさい。(　　　)

地域\年	ヨーロッパ・旧ソ連	ア	イ	ウ	エ	合計
1945	14	9	22	4	2	51
1960	26	23	22	26	2	99
1980	29	36	32	51	6	154
1992	45	38	35	52	9	179
2020	51	39	35	54	14	193

(国連広報センター資料)

(2) 下線部**b**について，児童の権利に関する条約に基づき，子どもたちの生存とすこやかな成長のために活動している国際連合の機関を，次から1つ選び，記号で答えなさい。

ア　WHO　　イ　UNHCR　　ウ　UNESCO　　エ　UNICEF　(　　　)

(3) 下線部**c**について，1968年に多国間で調印された核拡散防止条約の内容を，次の2つの語句を用いて説明しなさい。　| 核保有国　　禁止 |

(　　　　　　　　　　　　　　　　　　　　　　　　　　　　　　　　)

2 次の問いに答えなさい。[7点×3]〈北海道〉

(1) 国際連合の安全保障理事会は15の理事国で構成されている。この理事会では，重要な議題について，アメリカ，イギリスなど特定の5つの理事国の1か国でも反対すると決定できない。この5つの理事国のことを何というか，書きなさい。(　　　　　　　)

(2) 国際連合の専門機関の一つで，貴重な自然や建造物などを世界遺産として登録し，その保護などに取り組んでいる国連教育科学文化機関の略称を，カタカナ4字で書きなさい。

(　　　　　　　)

(3) 先進工業国(先進国)と発展途上国との間の経済格差，および経済格差から生まれるさまざまな問題のことを何といいますか，書きなさい。(　　　　　　　)

3 国際連合について，次の**資料**を見て，あとの問いに答えなさい。[8点×2]〈滋賀〉

資料　国際連合憲章

> 第4章　総会
> 第18条　1．総会の各構成国は，1個の投票権を有する。
> 　　　　2．重要問題に関する総会の決定は，出席し且つ投票する構成国の3分の2の多数によって行われる。（以下略）

「国際連合広報センター資料」より引用

(1) **資料**のとおり，国際連合の総会の決定において，各構成国は1個の投票権をもつ。その理由を書きなさい。　（　　　　　　　　　　　　　　　　　　　　　　　　）

(2) 国家間の争いについての裁判を行う国際連合の機関は何か。機関名を書きなさい。
（　　　　　　　　　　　　　　　）

4 次の問いに答えなさい。[7点×2]〈岐阜〉

(1) 国家について，右の図中の領土をもつ国家の主権がおよぶ範囲は，領土とどこか。次の**ア〜エ**から1つ選び，記号で答えなさい。　（　　　）

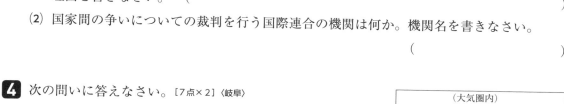
（外務省ホームページより作成）

　ア　ⅠとⅡ　　　　　　**イ**　ⅠとⅢ
　ウ　ⅠとⅡとⅢ　　　　**エ**　ⅠとⅡとⅢとⅣ

(2) 再生可能エネルギーにあたるものを，次の**ア〜カ**からすべて選び，記号で答えなさい。
　ア　太陽光　　　　**イ**　石油　　　　**ウ**　風力　　　（　　　　　　　　　　）
　エ　バイオマス　　**オ**　天然ガス　　**カ**　石炭

5 次の文を読んで，あとの問いに答えなさい。[7点×2]〈山梨・改〉

> 　グローバル化がすすむ世界では，経済，外交，環境，安全保障など様々な分野で，共通の問題を抱えている近隣の国どうしが，相互の主権に配慮しながら，結びつきを強める動きが活発になっている。このような国際協調の動きを　a　という。太平洋沿岸地域では，日本も設立当初から参加している，経済協力を目指した　b　が開催されている。

(1) 文中の　a　にあてはまる語句を書きなさい。　（　　　　　　　　　　　　　　）

(2) 文中の　b　にあてはまる語句を，次の**ア〜エ**から1つ選び，記号で答えなさい。
　ア　EU　　**イ**　APEC　　**ウ**　IMF　　**エ**　ASEAN　　（　　　）

6 地球環境問題の解決に向けた国際社会の取り組みについてまとめた次の文の**A・B**にあてはまる語を，それぞれ答えなさい。[7点×2]〈埼玉〉

> 　1997年に（　**A**　）市で開かれた，気候変動枠組条約の締約国会議で，先進国に温室効果ガスの排出削減を義務づける（　**A**　）議定書が採択されました。しかし，先進国と途上国の間の利害対立などの課題があり，（　**A**　）議定書後の枠組みについて議論が続いていました。そこで，2015年に（　**B**　）協定が採択されました。（　**B**　）協定では，途上国を含むすべての参加国が自主的に削減目標を決め，平均気温の上昇をおさえる対策をすすめることで合意しました。

A（　　　　　　　　　　）　B（　　　　　　　　　　）

時間……40分　　　　　　　解答 ➡ 別冊解答 16 ページ

得点　　／100点

1 次の**地図1～3**を見て，あとの問いに答えなさい。[3点×7]〈新潟〉

地図1

地図2

地図3

（地図1～3の縮尺は異なっている。）

(1) 地図中の**a**，**b**の山脈を次から1つずつ選び，記号で答えなさい。a（　　　　）b（　　　　）

　ア　ロッキー山脈　　　イ　ヒマラヤ山脈　　　ウ　アパラチア山脈

　エ　アルプス山脈　　　オ　アンデス山脈　　　カ　ウラル山脈

(2) **地図1**で示したタイについて述べた，次の文中の**X**，**Y**にあてはまる語句をそれぞれ書きなさい。　　　　　　　　　X（　　　　　　　　）　Y（　　　　　　　　）

> 　海洋から内陸に向けて吹く　X　の影響を受けて降水量が多い平野部では，稲作がさかんである。タイとその周辺の国々は，1967年に創設された　Y　に加盟しており，現在では10の加盟国が政治や経済などの面で協力している。

(3) **地図2**で示したドイツとフランスなど，多くのヨーロッパ連合（ＥＵ）加盟国で流通している共通（単一）通貨を何というか。その名称を書きなさい。　　　（　　　　　　　　）

(4) 多くのヨーロッパ連合（ＥＵ）加盟国の間での通行の特徴について，「国境」，「パスポート」という語句を用いて簡潔に書きなさい。

　（　　　　　　　　　　　　　　　　　　　　　　　　　　　　　　　　　　）

(5) **地図3**で示したブラジルでは，石油にかわるエネルギーとして，さとうきびなどを原料とした燃料の生産が拡大している。このように，主に植物を原料としてつくられる燃料を何といいますか。　　　　　　　　　　　（　　　　　　　　）

2 次の問いに答えなさい。[3点×7]〈愛媛〉

(1) 右の地図中の ⬭ 印で示した区域には，飛驒（ひだ）山脈，木曽山脈，□□□山脈からなる日本アルプスがある。□□□にあてはまる山脈の名を答えなさい。　（　　　　　　　　）

(2) 次のページの**表**は，2019年における，地図中の**あ～え**のそれぞれの県の米，りんご，ぶどう，キャベツの生産量を表したものであり，表中の**a～d**は，それぞれ**あ～え**のいずれかにあたる。**d**にあたる県を，**あ～え**から1つ選び，記号と県名を答えなさい。　　　記号（　　　）　県名（　　　　　県）

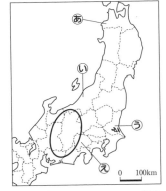

0　　100km

(3) Ⅰ，Ⅱのグラフは，それぞれ，2017年における，全国と瀬戸内工業地域のいずれかの，工業製品出荷額の工業別の割合を表したものであり，グラフⅠ，Ⅱ中のＡ，Ｂは，それぞれ機械，化学のいずれかにあたる。化学にあたる記号と，瀬戸内工業地域の工業製品出荷額の工業別の割合を表したグラフにあたる記号の組み合わせとして適当なものを，次から1つ選び，記号で答えなさい。　（　　　）

ア　ＡとⅠ　　イ　ＡとⅡ　　ウ　ＢとⅠ　　エ　ＢとⅡ

(4) Ⅲのグラフは，2010年と2018年における，我が国の発電量の内訳を表したものであり，グラフ中のア〜ウは，それぞれ火力，水力，原子力のいずれかにあたる。それぞれにあてはまるものをア〜ウから1つずつ選び，記号で答えなさい。　火力（　　　）　水力（　　　）　原子力（　　　）

表　　　　　　　　　　　　　　（単位：千 t）

	米	りんご	ぶどう	キャベツ
a	646.1	–	2.3	–
b	344.2	–	1.9	105.6
c	282.2	409.8	4.6	17.3
d	26.5	0.7	36.9	3.4

(2021年版「データでみる県勢」)

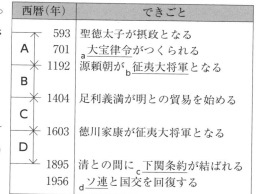

Ⅰ　金属 18.6% ｜ Ａ 35.2 ｜ Ｂ 21.9 ｜ 食料品 8.1 ｜ その他 16.2

Ⅱ　金属 13.4% ｜ Ａ 46.0 ｜ Ｂ 13.1 ｜ 食料品 12.1 ｜ その他 15.4

(2020/21年版「日本国勢図会」)

Ⅲ
2010年　ア 7.8% ｜ イ 66.7 ｜ ウ 24.9 ｜ その他 0.6
2018年　ア 8.7% ｜ イ 82.3 ｜ ウ 6.2 ｜ その他 2.8

(2020/21年版「日本国勢図会」)

---

3 右の年表を見て，次の問いに答えなさい。[2点×8]〈北海道〉

(1) 下線部ａは，唐の律令にならってつくられた。唐の律令における律と令は，それぞれ何のきまりのことか，簡単に書きなさい。

（　　　　　　　　　　　　　　　　　　　　　）

(2) 下線部ｂとなったことのある人を，次のア〜エから1つ選び，記号で答えなさい。（　　　）

ア　北条泰時　　　　イ　豊臣秀吉
ウ　坂上田村麻呂　　エ　平清盛

西暦(年)	できごと
593	聖徳太子が摂政となる
Ａ 701	ａ大宝律令がつくられる
1192	源頼朝がｂ征夷大将軍となる
Ｂ 1404	足利義満が明との貿易を始める
Ｃ 1603	徳川家康が征夷大将軍となる
Ｄ 1895	清との間にｃ下関条約が結ばれる
1956	ｄソ連と国交を回復する

(3) 下線部ｃの条約で清が日本に認めた内容として誤っているものを，次のア〜オから2つ選び，記号で答えなさい。

（　　　）（　　　）

ア　香港をゆずり，上海など5港を開港する。　　イ　遼東半島をゆずりわたす。
ウ　台湾をゆずりわたす。　　エ　満州国を建国する。　　オ　賠償金を支払う。

(4) 下線部ｄからロシア連邦に引き継がれた領土問題に関して，日本固有の領土である北方領土のうち，最も面積が広い島の名を書きなさい。　　　　　　（　　　　　　　　）

(5) 次の①〜③のできごとは，年表中のＡ〜Ｄのどの時期のことか，Ａ〜Ｄから1つずつ選び，記号で答えなさい。　　　　　①（　　　）②（　　　）③（　　　）

①山城で国一揆がおこり，守護大名を追い出して自治が行われた。
②6年ごとにつくられる戸籍にもとづき，6歳以上の人々に口分田があたえられた。
③新田開発がさかんに行われ，備中鍬や千歯こきなどの新しい農具が発明された。

4 右の表を見て，次の問いに答えなさい。[3点×6]〈島根〉

(1) 下線部**a**に都があった奈良時代に完成した書物を，次から1つ選び，記号で答えなさい。　（　　　）

ア 徒然草　**イ** 日本書紀
ウ 枕草子　**エ** 方丈記

時代	ことがら
奈良時代	唐の都の長安にならってつくられた**a**平城京が栄えた。
平安時代	仏教では浄土信仰が流行し，**b**平等院鳳凰堂がつくられた。
鎌倉時代	**c**元軍が二度にわたって襲来した。
江戸時代	西洋の文化を学ぶ**d**蘭学が発展した。
e明治時代	日清戦争，日露戦争が起こった。
昭和時代	**f**サンフランシスコ平和条約に調印した。

(2) 下線部**b**について，これは藤原頼通によってつくられた。摂政・関白として政治の実権をにぎった藤原頼通は，後三条天皇の即位に強く反対した。その理由を，右の**系図**を参考にして20字程度で説明しなさい。

（　　　　　　　　　　　　　）

系図

```
             ── 頼通                        嬉子
                      彰子              4  ┌─5─ 後冷泉
       円融    1 ┌───┐  3 ┌───┐  後朱雀 ┘
   ┌───┘     │ 一条 │────│後一条│
   │ 詮子              └───┘  └───┘
   │ 道長                      威子          ┌─6─ 後三条
   │ 超子                                   │
   └───┐  2 ┌───┐                        禎子内親王
       冷泉 ┘   │ 三条 │
                 └───┘
             ── 妍子
```

□ は天皇(番号は一条天皇からの即位順)
～ は藤原氏の娘
＝ は夫婦関係

(3) 下線部**c**に関連して，このとき，幕府の実権をにぎっていた北条時宗の地位を何というか，漢字2字で書きなさい。　（　　　　　　　）

(4) 下線部**d**に関連して，杉田玄白らが翻訳して，出版した解剖書を何というか，書きなさい。　（　　　　　　　）

(5) 下線部**e**に関連して，明治時代に政府が実施した政策について述べた文として正しいものを，次の**ア**〜**エ**から1つ選び，記号で答えなさい。　（　　　）

ア 徴兵令を出し，満20歳以上の男女すべてに兵役を義務づけた。
イ 条約改正の実現のため，舞踏会を開くなどの欧化政策を実施した。
ウ 大日本帝国憲法を発布し，国民主権を確立した。
エ 沖縄県を開発するため，那覇に開拓使を設置した。

(6) 下線部**f**の条約調印後のできごと**ア**〜**ウ**を，年代の古い順に並べて記号で答えなさい。

ア 日本が国際連合に加盟する　（　　　→　　　→　　　）
イ 日中平和友好条約を結ぶ
ウ 日韓基本条約を結ぶ

5 次の問いに答えなさい。[3点×6]〈静岡〉

(1) 内閣は，国会の信任にもとづいて成立し，国会に対して連帯して責任を負う。このような内閣のしくみは何とよばれるか。その名称を書きなさい。　（　　　　　　　）

(2) 衆議院で内閣の不信任案が可決された場合，10日以内に衆議院の解散の決定が行われない限り，内閣はどのようなことをしなければならないと日本国憲法では定めているか。簡単に書きなさい。　（　　　　　　　）

(3) 右のグラフは，2013 年 7 月の参議院議員選挙における東京
都と鳥取県の選挙区の議員 1 人当たりの有権者数を表してい
る。次の文中の **a**，**b** にあてはまる語の正しい組み合わせを
あとの**ア〜エ**から 1 つ選び，記号で答えなさい。　（　　　）

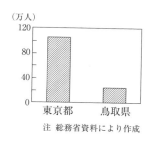

グラフの 2 つの選挙区を比較すると，1 票の価値は，4 倍
以上も [a] の選挙区の方が高く，格差がみられる。このよ
うなことが日本国憲法に定められた [b] に反するのではないかと問題視する声が上が
り，選挙制度の大きな課題となっている。

ア a　東京都　　**b**　法の下の平等　　　**イ** a　東京都　　**b**　公共の福祉
ウ a　鳥取県　　**b**　法の下の平等　　　**エ** a　鳥取県　　**b**　公共の福祉

(4) 右の図は家計，企業，政府の経済的な結びつきを表した
ものである。図中の ───▶ は，ものやサービスの流れを，
--------▶ は，お金の流れを示している。図中の **X** にあては
まるものを次の**ア〜エ**から 1 つ選び，記号で答えなさい。

ア　社会資本　　**イ**　税金　　　　　　　　（　　　）
ウ　配当金　　　**エ**　補助金

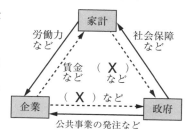

(5) 政府は，公共事業への支出を増減させるなどして景気を調整することがある。一般に，
好景気のときには物価の上昇が進むことが多い。物価の上昇が進むことは何とよばれる
か。その名称を書きなさい。　　　　　　　　　　　　　　　　（　　　　　　　　　）

(6) 企業についての説明として誤っているものを次から選び，記号で答えなさい。（　　　）

ア　株式会社は，株式の発行で資金を集めて経営する企業である。

イ　企業は，その資本金の大きさによって，公企業と私企業とに分けられる。

ウ　多国籍企業とは多くの国に拠点を持ち，世界規模で活動している企業である。

エ　企業の経営者側は，労働者が結成した労働組合と，さまざまな交渉をすることがある。

6　次の問いに答えなさい。[2 点×3]〈長崎〉

(1) 地球の上空には，太陽からの紫外線を吸収するはたらきをもつ層がある。この層がフロ
ンガスなどで破壊されて，人間にとって有害な紫外線の量が地表で増加したといわれ，
その対策が進められてきた。地球の上空にあるこの層を何というか。（　　　　　　　　）

(2) 国際連合の安全保障理事会における現在の常任理事国は，アメリカ，ロシア，イギリス，
中国とあと 1 か国である。その国名を書きなさい。　　　　　（　　　　　　　　　）

(3) 国際連合の安全保障理事会について述べた次の文の [X] にあてはまる内容を簡潔に書
きなさい。ただし，「反対」という語を必ず用いること。

（　　　　　　　　　　　　　　　　　　　　　　　　　　　　　　　　　　　　　）

> 安全保障理事会では，重要な事項を決議する際に，常任理事国のうち [X] とい
> うしくみをとっており，冷戦の時代は決議数が少なかった。

第2回　3年間の総復習テスト

時間……40分　　　　　　　　　　解答 ➲ 別冊解答 18 ページ

得点　　／100点

1 右の地図を見て，次の問いに答えなさい。[5点×3]〈長崎〉

(1) 地図中の**A～D**の各都市にある日本企業の支店が，それぞれ現地時刻の 9：00 に開店するものとしたとき，**表1**は，それぞれの支店の開店時刻を日本標準時で示したものである。地図中の**A**にある支店の開店時刻を日本標準時で示したものを，**表1**中の**ア～エ**から 1 つ選び，記号で答えなさい。　　　（　　　）

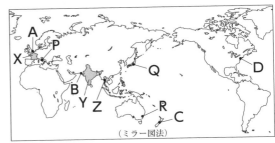
（ミラー図法）

(2) 地図の**P**，**Q**，**R**の都市は，同じ気候帯に属している。この気候帯の名称を何といいますか。　（　　　　　　　　）

表1

	開店時間（日本標準時）
ア	6：00
イ	13：00
ウ	18：00
エ	23：00

(3) **表2**は，地図中の**X**，**Y**，**Z**の国と日本の面積，人口，米の生産量，小麦の生産量，発電量を示したものである。地図中の**Z**国を示しているものを，**表2**中の**ア～エ**から 1 つ選び，記号で答えなさい。

（　　　）

表2

国	面積（万 km^2）（2018 年）	人口（万人）（2020 年）	生産量（万 t）（2018 年） 米	生産量（万 t）（2018 年） 小麦	発電量（億 kWh）（2017 年）
ア	328.7	138,000	17,258	9,970	15,322
イ	51.3	6,980	3,219	0.1	1,865
ウ	37.8	12,648	973	77	10,073
エ	55.2	6,527	7	3,580	5,621

（2020/21 年版「世界国勢図会」）

2 右の地図を見て，次の問いに答えなさい。[5点×3]〈徳島〉

(1) 地図中の**A**県は，冬に雪が多いため農家の副業がさかんであったことから，地場産業が発達した。**A**県の県名を書きなさい。　　　　　　　　　　（　　　　　県）

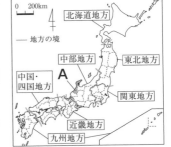

(2) 次の①・②の文があてはまる地方をそれぞれ地図中から選んで，その地方名を書きなさい。

①（　　　　　地方）②（　　　　　地方）

①農家 1 戸あたりの耕地面積が他の地方よりかなり広く，大規模な農業が畑作を中心に行われている。東部は濃霧（海霧）が多いこともあり，作物の栽培に適さないため，国の政策で酪農が大規模に行われるようになった。

②大陸に近く，中国から鉄鉱石などを輸入しやすい位置にあり，地元にも石炭の産地があったことから，日清戦争後に官営の製鉄所がつくられた。エネルギー革命により，現在はＩＣ（集積回路）や自動車の工場ができ，他の工業への転換が図られている。

3 次のカードを見て，あとの問いに答えなさい。[4点×9]〈福井〉

A 朝鮮との国交回復を実現して以後，朝鮮からは将軍の代がわりごとに通信使が派遣された。また，薩摩藩に服属した琉球王国からも，将軍や琉球国王の代がわりごとに幕府に使節が派遣された。	B 第一次世界大戦は，世界じゅうをまきこんで4年あまり続いた。大戦中に，日本は中国に対して，　①　を出し，その要求の大部分を認めさせた。その後，**a**日本は中国のドイツ権益を継承した。
C **b**豊臣秀吉は，全国統一の後に，二度にわたり朝鮮に大軍を派遣したが，　②　の率いる水軍などにより苦戦した。このときに，朝鮮から連れ帰った陶工により焼き物の新たな製法が伝わった。	D 唐の勢力がおとろえたため，唐の制度や文化を取り入れるために派遣していた遣唐使を停止した。これにより，日本の風土や生活，日本人の感情に合った**c**独自の文化が栄えた。
E 足利義満により，明との貿易が開始された。明との貿易で栄えた博多や堺などの都市では，自治組織がつくられた。また，京都では，　③　とよばれる裕福な商工業者によって町の政治が行われた。	F 日中戦争が長期化する中，日本は東南アジアへ進出し，太平洋戦争へと突入した。戦後，一連の**d**民主化への改革を経て経済が復興した日本は，東アジアの国々と国交を回復した。

(1) カード中の①～③に適する語句を書きなさい。

　　　　　①(　　　　　　　　　　　)　②(　　　　　　　　)　③(　　　　　　　　)

(2) カード**A**の時代に，日本や世界でおこったできごとについて述べた次の**ア～エ**を，年代の古いものから順に記号で答えなさい。　　　　　(　　　→　　　→　　　→　　　)

　ア フランス革命がおこり，人権宣言が発表された。

　イ アヘン戦争がおこり，南京条約が結ばれた。

　ウ アメリカで，独立宣言が発表された。

　エ 外国船の接近に対して，外国船(異国船)打払令が出された。

(3) 下線部**a**について，これと特に関係の深いできごとを，次の**ア～エ**から2つ選び，記号で答えなさい。　　　　　　　　　　　　　　　　　　(　　　)(　　　)

　ア 五・四運動　　　　　　　　　　**イ** 三・一独立運動

　ウ サンフランシスコ講和会議　　　**エ** パリ講和会議

(4) 下線部**b**の人物が行った太閤検地と刀狩で，武士と農民の身分の区別が明らかになった。これを何というか，漢字4字で書きなさい。　　　　　　　　(　　　　　　　　)

(5) 下線部**c**のころのできごとや様子について述べた文として最も適当なものを，次の**ア～エ**から1つ選び，記号で答えなさい。　　　　　　　　　　　　(　　　)

　ア 防人や農民などの歌がおさめられた「万葉集」が編さんされた。

　イ 武士出身の歌人である西行などの歌がおさめられた「新古今和歌集」がつくられた。

　ウ 阿弥陀仏にすがり，死後に極楽浄土に生まれかわることを願う浄土信仰がおこった。

　エ 和歌を上の句と下の句にわけて次々に別の人がよむ連歌が人々に流行した。

(6) 下線部**d**について，右の資料は1930年と1950年の福井県における自作農家，小作農家，自小作農家の戸数を表したものである。1930年と1950年を比較して読み取れる変化を，その変化の原因となった政策名を必ず入れて書きなさい。(

	1930年	1950年
自作農家	26,630戸	40,125戸
小作農家	16,514	3,348
自小作農家	28,170	28,175

(「福井県史資料編」より作成)

　　　　　　　　　　　　　　　　　　　　　　　　　　　　　　　　　　　　　　)

4 次の問いに答えなさい。〔(3)3点×2，他4点×4〕〈茨城〉

(1) 次の文中の下線部のしくみを多くの国がとっている。このようなしくみをとるねらいを書きなさい。また，□ A □にあてはまる人物の名前を，あとのア～エから1つ選び，記号で答えなさい。　ねらい（　　　　　　　　　　　　　　）A（　　　）

　　　三権分立とは，国の権力を立法権，行政権，司法権の三つに分けて，それぞれが互いに抑制しあい，均衡を保つしくみである。このしくみは18世紀に活躍したフランスの思想家□ A □によって主張された。

　ア　ロック　　イ　ルソー　　ウ　モンテスキュー　　エ　リンカン（リンカーン）

(2) 日本政府は，発展途上国を中心に資金援助や技術協力などを行っている。このような，政府の行う援助や協力を何というか，次から1つ選び，記号で答えなさい。　（　　　）

　ア　NGO　　イ　UNESCO　　ウ　WHO　　エ　ODA

(3) 次の文中の①・②にあてはまる語の組み合わせを，下のア～エから選び，記号で答えなさい。また，□ B □にあてはまる語句を書きなさい。記号（　　　）B（　　　　　）

　　　株式会社が売り上げを増やして利潤をあげた場合，□ ① □は利潤から配当金（配当）を受け取ることができる。株式は株式市場で売買することができ，事業内容のよい会社の株式は，買い手（需要）が増えて株式の価格（株価）が□ ② □する傾向がある。□ ① □は株式会社の経営方針や利潤の分配などを決定する□ B □に出席することができる。

　ア　［①　労働者　　②　上昇］　　イ　［①　株主　　②　上昇］
　ウ　［①　労働者　　②　下落］　　エ　［①　株主　　②　下落］

(4) 次の文中の□ C □にあてはまる語をあとのア～エから選び，記号で答えなさい。（　　　）

　　　障がいのある人や高齢者などが，日常生活の中で安全・快適に暮らせるように，そのさまたげとなるものを取り除こうという考え方を□ C □という。

　ア　リサイクル　　イ　バリアフリー　　ウ　ボランティア　　エ　グローバル

5 次の文を読んで，あとの問いに答えなさい。〔4点×3〕〈鹿児島・改〉

・国会は，国民から a 選挙された議員によって構成されている。

・私たちが自由に人間らしく生きていくことができるように，b 基本的人権が保障されている。

(1) 下線部 a について述べた次の文の X，Y に適する語句を補い，これを完成させなさい。

　　　X（　　　　　　　　　　　　　　　　　）Y（　　　　　　）

　　　現在，衆議院議員の総選挙は，□ X □する小選挙区制と，得票に応じて政党に議席が配分される□ Y □制を組み合わせた制度で実施されている。

(2) 下線部 b に関して述べた文として正しいものを，次から1つ選び，記号で答えなさい。

　ア　労働三権には，請願権，団体交渉権，団体行動権の三権がある。　（　　　）
　イ　精神の自由には，思想・良心の自由，学問の自由，居住・移転の自由などがある。
　ウ　社会権には，生存権，教育を受ける権利，勤労の権利などがある。
　エ　経済活動の自由には，職業選択の自由，財産権の保障，表現の自由などがある。

中学3年間の総復習 社会 改訂版

とりはずして使用できる！

別 冊 解 答

実力チェック表

「基礎力確認テスト」「総復習テスト」の答え合わせをしたら，自分の得点をぬってみましょう。ニガテな単元がひとめでわかります。得点の見方は，最終ページの「受験合格への道」で確認しましょう。

1日目
世界と日本の姿，
人々の生活，環境

0　10　20　30　40　50　60　70　80　90　100(点)　復習日　　月　　日

2日目
世界の諸地域

0　10　20　30　40　50　60　70　80　90　100(点)　復習日　　月　　日

3日目
身近な地域の調査，
日本の自然環境の特色

0　10　20　30　40　50　60　70　80　90　100(点)　復習日　　月　　日

4日目
日本の人口，資源・エネルギー，
産業，交通・通信の特色

0　10　20　30　40　50　60　70　80　90　100(点)　復習日　　月　　日

5日目
日本の諸地域

0　10　20　30　40　50　60　70　80　90　100(点)　復習日　　月　　日

6日目
古代までの日本と世界

0　10　20　30　40　50　60　70　80　90　100(点)　復習日　　月　　日

7日目
中世の日本と世界

0　10　20　30　40　50　60　70　80　90　100(点)　復習日　　月　　日

8日目
近世の日本と世界

0　10　20　30　40　50　60　70　80　90　100(点)　復習日　　月　　日

9日目
近代の日本と世界

0　10　20　30　40　50　60　70　80　90　100(点)　復習日　　月　　日

10日目
二度の世界大戦と日本，
現代の日本と世界

0　10　20　30　40　50　60　70　80　90　100(点)　復習日　　月　　日

11日目
現代社会の特色，
日本国憲法

0　10　20　30　40　50　60　70　80　90　100(点)　復習日　　月　　日

12日目
民主政治のしくみ

0　10　20　30　40　50　60　70　80　90　100(点)　復習日　　月　　日

13日目
経済と財政

0　10　20　30　40　50　60　70　80　90　100(点)　復習日　　月　　日

14日目
国際社会

0　10　20　30　40　50　60　70　80　90　100(点)　復習日　　月　　日

総復習テスト ①

0　10　20　30　40　50　60　70　80　90　100(点)　復習日　　月　　日

総復習テスト ②

0　10　20　30　40　50　60　70　80　90　100(点)　復習日　　月　　日

➡ 得点の見方は最終ページ「受験合格への道」へ

基礎問題 解答

→ 問題2ページ

1 ①3(対)7　②A：ユーラシア大陸　B：アフリカ大陸　③C：大西洋　D：太平洋　④E
⑤赤道　⑥ヨーロッパ州　⑦オセアニア州

2 ⑧(約)38(万km²)　⑨択捉島　⑩排他的経済水域　⑪竹島　⑫東経135度　⑬15度
⑭1月21日午前2時　⑮近畿地方　⑯札幌市

3 ⑰熱帯　⑱乾燥帯　⑲オアシス　⑳温帯　㉑タイガ　㉒高山気候　㉓イスラム教
㉔キリスト教　㉕仏教　㉖ヒンドゥー教

基礎力確認テスト 解答・解説

→ 問題4ページ

1 (1) 太平洋　(2) 南極大陸
2 記号：ア　赤道：右図
3 (1) ア　(2) エ　(3) イ
4 (1) イ　(2) 東シナ海　(3) ウ　(4) 福島県
5 (1) ア，エ(順不同)
　　(2) (例) 建物が傾くのを防ぐため。〔または，建物の熱が伝わるのを防ぐため。〕

1 (1) ハワイ島(アメリカ合衆国)は，日本列島の東側に広がる**太平洋**上にある。三大洋の他の海洋は，**大西洋とインド洋である。**
(2) Bの大陸上には，すべての経線が集まる点(南極点)があるので，**南極大陸**である。なお，**地図**に示されている他の大陸は，**オーストラリア大陸，北アメリカ大陸，南アメリカ大陸**である。

2 東京から真北に向かって出発し，地球を一周して戻ってくる場合に通過する大陸は，**ユーラシア大陸→南アメリカ大陸→南極大陸→オーストラリア大陸**の順になる。また，0度の緯線の赤道が通過するのは，東南アジアのインドネシア，アフリカのギニア湾などである。

3 (1) 南北の位置は**緯線**上の緯度，東西の位置は**経線**上の経度を読み取る。緯度は15度の緯線上であるが，これは赤道よりも北の**北半球**に引かれているので，北緯15度である。経度は75度の経線上であるが，これは0度の経線である本初子午線から東半分の**東半球**に引かれているので，東経75度である。
(2) Y(パプアニューギニア)は，北緯15度の緯線よりも南にあるので，赤道に近い。赤道付近の気候帯は，年じゅう気温が高く，年降水量が多い**熱帯**である。熱帯の地域には**熱帯林〔熱帯雨林〕**が生い茂っている。豊富な木材で，暑さや湿気を防ぐ工夫をした家が考えられるので，**エ**があてはまる。

(3) 南北アメリカ大陸は，かつてヨーロッパの国々の植民地であったという歴史的な背景から，**キリスト教**の信者が多い。**ア**の**イスラム教**は北アフリカから西アジア，中央アジア，南アジア，東南アジアにかけての地域に信者が多い。**ウ**の**ヒンドゥー教**はインドの民族宗教である。**エ**の**仏教**は，東南アジアから東アジアにかけての地域に信者が多い。

4 (1) **ア**の南鳥島は**東端**，**ウ**の沖ノ鳥島は**南端**，**エ**の択捉島は**北端**に位置する。
(2) **東シナ海**には，日本の領土でありながら，中国や台湾が領有を主張する**尖閣諸島**がある。
(3) 日本の標準時の基準となる経線は**東経135度**。日本とサンフランシスコの経度差は135＋120＝255度なので，255度÷15から，時差は17時間。1日は**日付変更線**の西側から始まるので，サンフランシスコが日本より17時間，時刻が遅れている。
(4) 東北地方の福島県は，関東地方の茨城県，栃木県，群馬県，中部地方の新潟県と接する。

5 (1) **ア**は経線ではなく，緯線が正しい。**エ**は，この地図の図法では，2点間の最短航路は必ずしも直線にはならないので誤り。
(2) **永久凍土**は1年じゅう凍っている土の層。杭の上に家を建てて地面との間にすき間をつくることで，家から出る熱をさまし，永久凍土がとけて家が傾くのを防いでいる。

世界の諸地域

基礎問題 解答

➡ 問題6ページ

1 ①季節風〔モンスーン〕　②中華人民共和国〔中国〕　③経済特区〔経済特別区〕
　④ＡＳＥＡＮ〔アセアン，東南アジア諸国連合〕　⑤原油〔石油〕

2 ⑥偏西風　⑦ラテン系言語　⑧地中海式農業　⑨ユーロ

3 ⑩植民地　⑪モノカルチャー経済

4 ⑫ニューヨーク　⑬ヒスパニック　⑭シリコンバレー

5 ⑮パンパ　⑯スペイン語　⑰バイオエタノール〔バイオ燃料〕

6 ⑱石炭　⑲アボリジニ〔アボリジニー〕

基礎力確認テスト 解答・解説

➡ 問題8ページ

1 (1) アジア：Ｃ　アフリカ：Ｂ　(2) イ　(3) （例）価格が変動　(4) Ｍ
　(5) バイオエタノール〔バイオ燃料〕

2 (1) エ　(2) 中国

1 (1) アジアは，人口が 10 億人以上の**中国**や**インド**があるので，州別人口割合が最も高い**Ｃ**と判断できる。アフリカは，発展途上国が多く，人口が多い割にはＧＤＰは少ないので，**Ｂ**と判断できる。州別ＧＤＰの割合が高い**Ａ**はヨーロッパ，**Ａ**とほぼ同じくらいの**Ｅ**はアメリカ合衆国がある北アメリカ，州別人口割合と州別 GDP 割合が最も低い**Ｆ**はオセアニア，残った**Ｄ**は南アメリカである。

(2) **ユーロ**はＥＵ〔ヨーロッパ連合〕の共通通貨ではあるが，スウェーデンのように自国の通貨を維持し，ユーロを導入していない国もあるので，**イ**が誤り。

(3) **資料2**を見ると，コートジボワールは**カカオ豆**や野菜・果実，ナイジェリアは**原油**が高い割合を占めていることがわかる。商品作物は豊作の年や不作の年があり，年ごとの生産量が変わりやすく，価格も変動しやすい。また，鉱産資源は世界経済の影響で価格が変動しやすい。よって，特定の商品作物や鉱産資源の輸出にたよる国の経済は不安定になりがちである。このような経済を**モノカルチャー経済**という。

(4) **表2**の**イ**は，1960 年は工業生産額割合が全体の約 5 分の 1 だが，2016 年は全体の 3 分の 1 以上と高くなっている。これは，1970 年以降に発展した北緯 37 度以南の工業地域，**サンベルト**が含まれるからと考えられる。サンベルトが含まれるのは，**Ｊ**と**Ｍ**だが，テキサス州など，原油の産出量が多く，工業都市が多い州をふくむ**Ｍ**が当てはまる。**ア**はアメリカ合衆国で最も早く発展した工業地域をふくむ**Ｌ**，**ウ**はロッキー山脈が広がり，あまり工業がさかんでない**Ｊ**，**エ**は五大湖沿岸の工業地域をふくむ**Ｋ**である。

(5) さとうきびやとうもろこしなどを原料にしてつくられるアルコール燃料を，**バイオエタノール〔バイオ燃料〕**という。さとうきびやとうもろこしなどの植物は生育の過程で，**地球温暖化**の原因とされる**二酸化炭素**を吸収しており，燃焼しても大気中の二酸化炭素の総量は増えないと考えられる。

2 (1) 小麦は，上位 7 か国で生産は約 60％，輸出は約 76％を占めている。農産物の価格は，世界的な生産量や輸出量に応じて変動するので，上位 7 か国の動向が価格に与える影響は大きいと考えられる。よって，**エ**が適切でない。

(2) Ｓと日本，アメリカ合衆国，ＥＵとの貿易では，いずれもＳの輸出の方が多くなっている。したがって，Ｓは「**世界の工場**」とよばれる中国があてはまる。

3

基礎問題 解答

→ 問題10ページ

1 ①フィールドワーク ②縮尺 ③10(m) ④広葉樹林 ⑤1(km)

2 ⑥環太平洋造山帯 ⑦アルプス・ヒマラヤ造山帯 ⑧日本アルプス ⑨フォッサマグナ
⑩扇状地 ⑪三角州〔デルタ〕 ⑫リアス海岸 ⑬大陸棚 ⑭海溝 ⑮親潮〔千島海流〕
⑯黒潮〔日本海流〕 ⑰潮境〔潮目〕

3 ⑱季節風〔モンスーン〕 ⑲梅雨 ⑳台風

4 ㉑東日本大震災 ㉒津波 ㉓冷害 ㉔防災マップ〔ハザードマップ〕

基礎力確認テスト 解答・解説

→ 問題12ページ

1 ア

2 (1) (例) 短く急である (2) (例) 中国山地と四国山地にはさまれている
(3) 白神山地：B 知床：A

3 (1) エ (2) フォッサマグナ (3) イ

4 (1) ア (2) ①イ ②イ ③ア

1 この地形図の縮尺は2万5千分の1なので, **等高線は標高10mごとに**引かれている。A の神社は100〜110m付近にあるので, **ア**が正しい。Bは広葉樹林ではなく果樹園なので, **イ**はまちがい。地形図上の2cmの実際の距離は 2(cm) × 25000 = 50000(cm) = 500(m)なので, **ウ**はまちがい。Eでは道路の上を川が流れているので, **エ**はまちがい。

2 (1) 常願寺川と信濃川は, 外国の川に比べて, より短い距離を高い所から流れているので, **距離が短くて流れが急**といえる。
(2) 日本では, 夏は南東の季節風で太平洋側の, 冬は北西の季節風で日本海側の降水量が多くなるが, 高松のある瀬戸内は南の**四国山地**, 北の**中国山地**で季節風がさえぎられるので, 年降水量は少ない。
(3) **白神山地**は青森・秋田県境にあるのでB, **知床**は北海道にあるのでAである。これらは自然遺産である。Cには紀伊山地の霊場と参詣道, Dには石見銀山遺跡がある。これらは文化遺産である。

3 (1) 日本海側を北上する海流は**対馬海流**である。日本近海を北上するのは**暖流**, 南下するのは**寒流**である。**千島海流〔親潮〕**は太平洋側を南下する寒流。
(2) この地形をさかいに, 山地は東日本では南北方向に, 西日本では東西方向にのびている。
(3) **潮岬**は**太平洋側の気候**。冬は乾燥し, 夏

は雨が多くなり, 冬でも温暖なので, **C**があてはまる。高山は**中央高地〔内陸の気候〕**。夏と冬の気温差が大きく, 夏も冬も降水量が少ないので, **A**があてはまる。輪島は**日本海側の気候**。冬に雪が降り降水量が多くなるので, **B**があてはまる。

4 (1) **扇状地**は, 川が山間部から盆地や平野に出る所に土砂が堆積してできた, 扇形の傾斜地である。扇状地はつぶの大きい砂や石からなり, 水を保つ力が弱いため水田には不向きで, 果樹園に利用されることが多い。果樹園の地図記号は◔である。よって, 扇状地を示す模式図は**ア**である。**エ**は, 河口部につぶの小さい砂が堆積してできた**三角州**で, 水田(Ⅱ)に利用されることが多い。
(2) ① 2011年3月11日に, 日本の観測史上最大規模の**東北地方太平洋沖地震**が発生し, **東日本大震災**となった。
②図は, **津波**が発生したときの避難場所を示すピクトグラムである。
③東海地方から西日本の太平洋沖にあるのは, **南海トラフ**である。トラフは溝状に落ちくぼんだ, **海溝**よりも浅い海底地形である。南海トラフでは, 過去おおむね100〜150年おきに大規模地震が発生している。

基礎問題 解答

→ 問題 14 ページ

1 ①少子高齢化　②人口密度　③三大都市圏　④過疎〔過疎化〕

2 ⑤原油〔石油〕　⑥火力発電　⑦原子力発電　⑧水力発電　⑨地熱発電

3 ⑩促成栽培　⑪抑制栽培　⑫近郊農業　⑬畜産　⑭食料自給率
　　⑮養殖漁業〔養殖, 養殖業〕　⑯栽培漁業　⑰太平洋ベルト　⑱中京工業地帯

4 ⑲加工貿易　⑳自動車　㉑航空機〔飛行機〕　㉒成田国際空港　㉓インターネット

基礎力確認テスト 解答・解説

→ 問題 16 ページ

1 (1) 名古屋港：B　成田国際空港：C
　　(2) イ→ウ→ア

2 (1) 地熱　(2) イ　(3) 右図

3 エ, オ(順不同)

4 (1) (例) 重量の重い原材料の輸送には, 船が利用されるため。　(2) 右図

2 (3)

広島県　愛媛県

4 (2)

1 (1) **名古屋港**は, 自動車工業がさかんな**中京工業地帯**にあるので, 輸出は自動車や自動車部品などが多い。したがって, **B**があてはまる。**成田国際空港**は, 航空機での輸送に適した小型・軽量の電子機器などの輸出入が多い。輸入品の上位に通信機やコンピュータがある**C**があてはまる。
(2) 日本の人口ピラミッドは, 第二次世界大戦前の多産多死の**富士山型(イ)**から出生率, 死亡率ともに低下した**つりがね型(ウ)**へ変わり, 現在の少子高齢社会の**つぼ型(ア)**になっている。

2 (1) **地図 1** では九州や東北地方の内陸の山間部に多いこと, **資料 1** に**火山**とあることから, この自然エネルギー(再生可能エネルギー)は**地熱**であると判断できる。
(2) **A**の県は宮崎県。きゅうりやピーマンなどの野菜を冬から春にかけて出荷する**促成栽培**がさかんであるほか, 規模の大きな畜産がさかんなので, **イ**があてはまる。**ア**は**D**の新潟県, **ウ**は**C**の長野県, **エ**は**B**の和歌山県である。
(3) 人口密度は一定面積あたりの人口なので, 人口÷面積で求める。愛媛県の人口密度は, 1,340,000人÷5676km²≒236人/km²となる。よって, 凡例は「200 以上 300 未満」となる。愛媛県は, 瀬戸内海をはさんで広島

県と向き合った, 四国地方の県である。

3 **第 1 次産業**は, 自然に働きかけて動植物を得る産業。農業, 林業, 漁業などがあてはまる。第 2 次産業は**ア**と**ウ**や建設業, 第 3 次産業は**イ**や商業, 金融業などである。

4 (1) 日本の製鉄所で使用するおもな原料の鉄鉱石や石炭は船で輸入される。また, 製品の鉄鋼も大きくて重いので船での輸送に適している。したがって, 日本の製鉄所は**臨海部**に立地している。
(2) **X**は, 4 県中最も人口が少なく, 人口密度が下がっているので, **過疎化**が進んだことが予想できる。また, 山地の面積が広く, 農業産出額が多いので, 東北地方の岩手県と判断できる。**Y**は, 4 県中最も人口が多く, 人口密度が上がっているので, **過密化**が進んだことが予想できる。また, 4 県中で製造品出荷額等が最も多いので, **北関東工業地域**が広がる関東地方の埼玉県と判断できる。**W**は山地の面積が比較的広いので, 近畿地方の三重県, **Z**は内水域等(湖など)の面積が広いので, **琵琶湖**がある近畿地方の滋賀県である。

基礎問題 解答

→ 問題18ページ

1 ①カルデラ ②シラス台地 ③北九州工業地域 ④砂丘〔鳥取砂丘〕 ⑤石油化学コンビナート ⑥瀬戸大橋

2 ⑦琵琶湖 ⑧伝統的工芸品 ⑨阪神工業地帯 ⑩中京工業地帯 ⑪東海工業地域 ⑫甲府盆地 ⑬関東ローム ⑭京浜工業地帯 ⑮京葉工業地域 ⑯昼間人口

3 ⑰やませ ⑱リアス海岸 ⑲米 ⑳アイヌの人々〔アイヌ民族〕 ㉑客土 ㉒十勝平野 ㉓酪農 ㉔知床

基礎力確認テスト 解答・解説

→ 問題20ページ

1 イ

2 (1) やませ (2) イ (3) ア (4) エ (5) ①扇状地 ②ウ
(6) (石油などの)原料を輸入して加工する化学工業の割合が高い。

3 A：ウ B：イ C：ア D：エ

---

1 Aのルートは，北九州工業地域(工業地帯)，カルデラのある阿蘇山，シラス台地，火山の桜島の順に通るので，飛行ルート④である。
Bのルートは，鳥取砂丘，倉敷市の水島地区の石油(化学)コンビナート，瀬戸大橋，みかん栽培のさかんな愛媛県の順に通るので，飛行ルート①である。Cのルートは，リアス海岸がある若狭湾，琵琶湖，伊勢神宮，真珠の養殖が行われている英虞湾の順に通るので，飛行ルート③である。Dのルートは，東日本大震災で被災した原子力発電所，霞ヶ浦，世界文化遺産の富士山，茶の産地である牧ノ原の順に通るので，飛行ルート②である。

2 (1) 冷たい北東風で，夏に低温と日照不足をもたらし，冷害の原因になることのあるやませである。
(2) A県は青森県。青森県青森市を中心に行われているのはねぶた祭である。アのさんさ踊りは岩手県，ウの竿燈まつりは秋田県，エの花笠まつりは山形県で行われる。
(3) B県は山形。山形県は，稲作や果樹栽培がさかんなので，農業を含む第1次産業の就業者の割合が最も高いアがあてはまる。C県は栃木県で，稲作や畑作，酪農がさかんなので，山形県に次いで第1次産業の就業者の割合が高いウがあてはまる。E県は千葉県。東京大都市圏に含まれ，サービス業をはじめとする第3次産業の就業者の割合が最も高いイがあてはまる。
(4) Cの栃木県では酪農がさかんなので，乳

用牛の飼養頭数が最も多い表Ⅰのエがあてはまる。アはねぎの収穫量が最も多いので，Eの千葉県。イは米の収穫量が最も多いので，Bの山形県。ウは森林面積が2番目に広いので，Aの青森県。オは残ったDの山梨県。
(5) ①山梨県の県庁所在地である甲府市があるのは甲府盆地。果樹栽培に適した地形は，扇状地である。
②りんごは青森県，長野県の生産量が多いので，オである。ぶどうは山梨県，長野県の生産量が多いので，イである。ももは山梨県，福島県の生産量が多いので，エである。洋なしは山形県の生産量が多いので，アである。したがって，なしは残ったウとなる。
(6) A〜D県では機械工業の割合が最も高くなっているが，E県は化学工業の割合が最も高い。Eの千葉県の東京湾岸に広がる京葉工業地域では，外国から輸入する石油を原料とした化学工業がさかんである。

3 地図中のAは宮城県。ウの「西側に位置する山脈」は奥羽山脈，「1982年に開通した新幹線」は東北新幹線である。Bは福井県。イの「リアス海岸が見られる地域」は若狭湾岸。「眼鏡産業が立地する平野」は福井平野である。Cは広島県。アの「造船業や鉄鋼業が立地する沿岸部」とは瀬戸内工業地域，「新幹線」は山陽新幹線。Dは鹿児島県。エの「西側の半島」は薩摩半島，「活動中の火山」は桜島(御岳)である。

基礎問題 解答

→ 問題22ページ

1 ①打製石器　②新石器時代　③孔子　④シルクロード〔絹の道〕
2 ⑤たて穴住居　⑥青銅器　⑦卑弥呼　⑧前方後円墳　⑨大和政権〔大和王権〕
3 ⑩十七条の憲法〔憲法十七条〕　⑪法隆寺　⑫大化の改新　⑬大宝律令　⑭新羅
4 ⑮平城京　⑯班田収授法　⑰天平文化　⑱万葉集　⑲天台宗　⑳摂関政治　㉑仮名文字

基礎力確認テスト 解答・解説

→ 問題24ページ

1 (1) カ　(2)（例）天皇が幼少の時は摂政として，成人してからは関白として，藤原氏〔摂関家〕が実権をにぎった政治。
2 (1) 銅鐸　(2) 大和政権〔大和王権〕
3 (1) 万葉集　(2)（例）漢字をもとにして仮名文字〔ひらがなやかたかな〕がつくられたように，中国の文化をもとに生み出された日本風の文化であること。
4 (1) 十七条の憲法〔憲法十七条〕　(2) エ　(3) ア
5 (1) 大宝律令　(2) エ　(3) 最澄〔伝教大師〕

1 (1) Ⅰは古墳時代，Ⅱは弥生時代，Ⅲは縄文時代である。

(2)〔A〕は平安時代。866年に藤原良房が摂政になり，887年には藤原基経が関白となった。その後，藤原氏は他の有力な貴族をしりぞけ，娘を天皇のきさきにし，生まれた子を天皇に立てて政治の実権をにぎり，摂政・関白の職を独占した。天皇の幼少時が摂政，成人後が関白であることに注意する。

2 (1) 弥生時代，稲作とともに青銅器や鉄器などの金属器が伝わった。青銅器には銅鐸のほかに銅剣・銅矛・銅鏡などがあり，おもに祭りのための宝物として用いられた。

(2) 大和政権は，大王を中心とする近畿地方の有力な豪族による連合政権であった。大和政権の大王は，5世紀に九州地方から東北地方南部にかけての豪族を従えた。また，中国の南朝の皇帝にたびたび使いを送った。

3 (1)『万葉集』には，天皇や貴族だけでなく農民や防人の歌も収められている。また，農民の苦しい生活をよんだ山上憶良の貧窮問答歌も収められている。

(2) 図の「安」「伊」は漢字である。これらの漢字から，それぞれひらがなの「あ」，カタカナの「イ」がつくられている。つまり，中国の文化である漢字から，日本独自の文字である仮名文字が生まれたことがわかる。

4 (1) 推古天皇の摂政となった聖徳太子は，天皇中心の政治をめざして，豪族たちに役人の心構えを示すために十七条の憲法を定めた。

(2) 中国の春秋・戦国時代（紀元前8〜紀元前3世紀）には，多彩な新しい思想が生まれた。紀元前6世紀ごろ，孔子は仁と礼が国を治めるもとであると説いた。この教えをもとに儒学〔儒教〕が成立し，日本にも大きな影響をあたえた。アは仏教，イはキリスト教，ウはイスラム教である。

(3) 7世紀後半，唐と結んだ新羅が百済と高句麗をほろぼし，白村江の戦いで日本軍を破った。さらに新羅は唐とも戦って朝鮮半島から手を引かせ，676年に朝鮮半島を統一した。また，7世紀末には中国東北部に渤海がおこり，日本と貿易などで交流した。

5 (1) 律は刑罰のきまり，令は政治を行ううえでのきまりである。大宝律令の制定によって，全国を支配するしくみが固まり，律令国家が成立した。

(2) 律令では，原則として6年ごとに戸籍を作成するきまりであった。6歳以上の男女に口分田があたえられ，面積に応じて租を負担した。また，おもに成人男子には調・庸などの税や労役，兵役の義務もあった。

(3) 9世紀はじめ，唐から帰国した最澄と空海が新しい仏教の宗派を伝えた。最澄は比叡山に延暦寺を建てて天台宗を広め，空海は高野山に金剛峯寺を建てて真言宗を広めた。

基礎問題 解答

→ 問題26ページ

1 ①平将門　②院政　③平清盛
2 ④地頭　⑤御恩　⑥六波羅探題　⑦御成敗式目〔貞永式目〕　⑧平家物語
　　⑨フビライ・ハン　⑩（永仁の）徳政令
3 ⑪建武の新政　⑫倭寇　⑬勘合貿易〔日明貿易〕　⑭琉球王国　⑮管領
4 ⑯馬借　⑰座　⑱町衆　⑲応仁の乱　⑳書院造　㉑分国法〔家法〕

基礎力確認テスト 解答・解説

→ 問題28ページ

1 (1) ①執権　②(例) 朝廷を監視すること。〔西日本の武士を統率すること。京都を警備すること。〕
　　(2) ア
2 (1) イ　(2) 書院造
3 (1) 地頭　(2) イ
4 (1) ア　(2) ウ
5 A：元　B：ア

1 (1) ① 源頼朝の死後，妻の北条政子や政子の父の北条時政が力をのばし，時政は有力な御家人をまとめて幕府の実権をにぎった。その後，北条氏は執権の地位を独占した。
②承久の乱は後鳥羽上皇が朝廷の勢力の回復をねらっておこした乱であったため，幕府は朝廷の動きを警戒した。
(2) 室町時代には，諸産業が発展し，運送業者・倉庫業者の活動も活発になった。イ・ウは江戸時代，エは飛鳥時代〜奈良時代である。

2 (1) 北条泰時が定めた御成敗式目〔貞永式目〕は，朝廷の律令と異なり，武士にもわかりやすい法令であった。北条時宗は元寇のときの執権。
(2) 写真の建物は銀閣と同じ慈照寺にある東求堂同仁斎。たたみをしきつめ，違い棚や付書院を設けていることがわかる。このような書院造の建築は，今日の和風建築のもとになった。

3 (1) 平氏が壇ノ浦（山口県）でほろんだ1185年，源頼朝は守護と地頭を置き，地方の支配を固めていった。荘園や公領に置かれた地頭のなかには，土地や農民を勝手に支配したり，年貢を横取りしたりする者もあらわれ，領主との間でしばしば争いがおこった。
(2) 明は，モンゴル人を北に追いはらって建国された漢民族の王朝で，周辺の国々に貢ぎ物を差し出させた。朝鮮は，李成桂が高麗をほろぼして建てた国で，ハングル文字をつく

るなど独自の文化が発達した。また，足利義満によって，明や朝鮮との貿易が始まった。

4 (1) 太政大臣は律令制度のもとでの最高の地位で，藤原氏などの貴族が任じられるのがふつうであった。保元の乱・平治の乱を通じて政治の実権をにぎった平清盛は，武士として初めて太政大臣に任じられた。イは平安時代の坂上田村麻呂に代表されるように，東北地方への遠征軍の最高司令官のことだったが，源頼朝が任じられてからは，武士の頭を意味するようになった。ウは天皇が成人後に，エは天皇が幼少時に天皇に代わって政治を行う役職である。
(2) 15世紀初めの東アジアの動きを考える。倭寇はおもに西国の武士や漁民の集団で，貿易を強要したり，海賊をはたらいたりして朝鮮半島や中国沿岸の人々に恐れられていた。アは7世紀後半のことで，日本は白村江の戦いに敗れて朝鮮半島から撤退した。イは明治時代の1871年のこと。エは江戸時代のこと。

5 「13世紀の戦い」とは，元寇〔蒙古襲来〕のことなので，Aは元である。元寇のころには，御家人は相次ぐ分割相続の結果，領地が小さくなっていたうえ，元寇の負担が重なって，生活が苦しくなっていた。そのため，幕府は御家人が売ったり質入れしたりした領地をただで取りもどさせようと，永仁の徳政令を出した。よって，Bにはアがあてはまる。

8日目 近世の日本と世界

基礎問題 解答

8日目 近世の日本と世界

基礎問題 解答

問題30ページ

1 ①ルネサンス〔文芸復興〕　②宗教改革　③鉄砲　④南蛮貿易　⑤織田信長　⑥兵農分離　⑦桃山文化

2 ⑧徳川家康　⑨参勤交代　⑩日本町　⑪出島

3 ⑫新田　⑬大阪　⑭徳川吉宗　⑮田沼意次　⑯百姓一揆　⑰天保の改革

4 ⑱元禄文化　⑲本居宣長　⑳蘭学　㉑寺子屋

基礎力確認テスト 解答・解説

問題32ページ

1 (1) イ　(2)（例）領地と江戸との間を1年ごとに往復する　(3) ①ア　②エ

2 (1) イ　(2) ①天明のききん　②（例）1石あたりの米価が上昇するとともに，百姓一揆と打ちこわしの発生件数が増加した

3 ウ

4 (1)（例）新田の開発　(2) エ

---

1 (1) 南蛮貿易は平戸や長崎などで行われ，中国産の**生糸・絹織物**やヨーロッパの**毛織物・火薬・ガラス製品**などが輸入され，おもに**銀**が輸出された。**勘合貿易**は，室町幕府の**足利義満**が明との間で始めた貿易。

(2) **参勤交代**は，大名にとって領地と江戸を往復する費用が重い負担になった。また，物価が高い江戸での生活費も負担になった。

(3) ①**国学**は古典の研究を通じて，日本人固有の考え方などを明らかにしようという学問。**朱子学**は**儒学**の一派で，君臣や親子の身分の秩序を重視した。

②国学は天皇を尊び，外国の思想を排撃する一面もあったので，幕末の**尊王攘夷運動**に大きな影響をあたえた。**ウ**は朱子学のこと。

2 (1) **イ**はオランダ。1639年にポルトガル船の来航が禁じられ，日本で貿易を許されたヨーロッパの国はオランダだけになった。1641年には，平戸のオランダ商館が長崎の**出島**に移され，鎖国体制が完成した。オランダは，キリスト教の布教に熱心なスペイン・ポルトガルと異なり，もっぱら貿易による利益の追求を望んでいた。

(2) ①**天明のききん**は1782～87年におこり，農村は深刻な打撃を受けた。「わいろ政治」などの面で批判されていた**田沼意次**は，天明のききんなどが背景になり失脚した。

②大ききんがおこると，米の生産量が激減し，米価は大きく上昇した。そのため，人々の不満が高まった。

3 **豊臣秀吉**による**太閤検地**は，統一されたものさしやますで田畑や土地のよしあしを調べたもの。これにより，全国の土地は，予想される収穫量である**石**という統一的な基準で表された。米1石は重さでは約150kgである。また，全国を統一した秀吉は，さらに領土を広げようと考え，中国の征服を計画した。秀吉のころの中国の王朝は，**明**である。

4 (1) 幕府や藩は，用水路の建設や海・湖沼の干拓などにより**新田開発**に力を入れた。その結果，耕地面積が大はばに増大した。新田の開発や農具の改良，進んだ農業技術の普及などによって，農業の生産力が向上した。

(2) **エ**は鎌倉・室町時代のこと。

9

→ 問題34ページ

基礎問題 解答

1 ①名誉革命 ②人権宣言 ③産業革命 ④南北戦争 ⑤アヘン戦争

2 ⑥ペリー ⑦日米修好通商条約 ⑧尊王攘夷運動 ⑨戊辰戦争

3 ⑩五箇条の御誓文 ⑪学制 ⑫地租改正 ⑬自由民権運動 ⑭大日本帝国憲法〔明治憲法〕
⑮貴族院

4 ⑯三国干渉 ⑰ポーツマス条約 ⑱孫文 ⑲八幡製鉄所 ⑳田中正造 ㉑夏目漱石

→ 問題36ページ

基礎力確認テスト 解答・解説

1 (1) ペリー (2) イ (3) ウ (4) 場所:エ 資源:石炭

2 (1) 戊辰戦争 (2) ウ (3) イギリス

3 (1) 理由:(例) 井伊直弼を中心とした幕府が，朝廷の許可を得ないまま条約を結んだため。
記号:ウ (2) 三国干渉

4 (1) イ→ウ→ア→エ (2) 孫文

1 (1) 1853年に来航してアメリカ大統領の国書を幕府に差し出した**ペリー**は，翌年ふたたび来航し，幕府と**日米和親条約**を結んだ。

(2) aは**自由民権運動**が盛り上がり，憲法が制定された時期である。**ア・エ**は大正時代，**ウ**は江戸時代末である。

(3) 現在の選挙権は18歳以上のすべての男女が持つが，第1回の衆議院議員総選挙のときは，一定額以上の税金を納める**男子のみ**であった。また，選挙権を得る年齢は18歳ではなく**25歳**であった。**貴族院**は，国民から選ばれた議員で構成される衆議院を抑制する役割をもった。参議院は現在の国会を構成する議院。

(4) **八幡製鉄所**は現在の北九州市に設立された。近くに**筑豊炭田**があり，その石炭を原料として利用したが，やがて鉄鉱石とともに石炭も中国から輸入するようになった。

2 (1) **徳川慶喜**が**大政奉還**を行ったが，朝廷は**王政復古の大号令**を出すとともに，慶喜に官職や領地の返上を命じた。これに反発した旧幕府軍と新政府軍との間で**鳥羽・伏見の戦い**がおこり，**戊辰戦争**が始まった。1869年，新政府軍が函館で旧幕府軍を降伏させ，戊辰戦争が終わった。

(2) 政府は安定した税収を得るため，課税基準を収穫高から**地価**に変更した。また，価格が変動しやすい米ではなく，**貨幣**で税金を納めさせることにした。この**地租改正**によって，新政府の財政が確立した。

(3) イギリスでは，**蒸気機関**の改良と実用化が進み，工場で綿織物などの製品を大量生産できるようになった。**産業革命**を進めたイギリスは，原料供給地と商品市場を求めてアジアなどの海外へ進出していった。

3 (1) 幕府に対する批判が高まり，**井伊直弼**は桜田門外で暗殺された。アメリカなどとの**通商条約**の締結によって始まった貿易では，日本は毛織物・綿織物などを輸入し，おもに**生糸**を輸出した。しかし，日本に関税自主権がない不平等な条約だったので，外国製の安い綿製品などが大量に流入した。

(2) ロシア・フランス・ドイツが日本に対して**三国干渉**を行った。日本はこれを受け入れて**遼東半島**を返還したが，国民の間にロシアへの反感が高まった。

4 (1) **板垣退助**らが**民撰議院設立建白書**を政府に提出したのは1874年。**五箇条の御誓文**が発布されたのは1868年。**版籍奉還**が行われたのは1869年。**内閣制度**ができたのは1885年。

(2) 民族の独立，政治的な民主化，民衆の生活の安定からなる**三民主義**を唱え，革命運動を指導したのは**孫文**。清から多くの省が独立を宣言し，**中華民国**が建国されたできごとを**辛亥革命**という。

基礎問題 解答

→問題38ページ

1 ①ベルサイユ条約 ②国際連盟 ③三・一独立運動 ④原敬 ⑤全国水平社 ⑥普通選挙制度

2 ⑦ブロック経済 ⑧ファシズム ⑨満州事変 ⑩二・二六事件 ⑪大政翼賛会

3 ⑫日独伊三国同盟 ⑬太平洋戦争 ⑭ポツダム宣言

4 ⑮農地改革 ⑯冷戦〔冷たい戦争〕 ⑰サンフランシスコ平和条約 ⑱国際連合
⑲高度経済成長 ⑳石油危機〔オイル・ショック，石油ショック〕

基礎力確認テスト 解答・解説

→問題40ページ

1 (1) ウ　(2) イ，エ(順不同)　(3) 冷戦〔冷たい戦争〕　(4) W：ウ　X：ア　Y：イ　Z：エ

2 (1) 原敬　(2) イ　(3) A：(例) 地主の土地が小作の農家に分け与えられた
　　B：(例) 経営規模の小さい農家の割合が増えた

3 (1) 普通　(2) ブロック経済　(3) 満州

4 (1) ア　(2) (例) 政党政治がとだえて，軍部の力が強まっていった。

---

1 (1) Ⅰの期間は，大正時代にあたる。したがって，大正時代の社会の様子ではないものを考える。女性国会議員が誕生したのは，女性に選挙権があたえられた第二次世界大戦後のことである。

(2) アについて，イタリアは日本・ドイツとともに枢軸国側であった。ウについて，沖縄戦ではなくミッドウェー海戦。沖縄戦は1945年3月に始まり，そのころはすでに日本の敗戦が決定的であった。

(3) 冷戦は，アメリカを中心とする西側陣営と，ソ連を中心とする東側陣営とのきびしい対立のこと。「ベルリンの壁」の崩壊をきっかけに東ヨーロッパの共産党政権が次々にたおれ，1990年には東西ドイツが統一された。そして1991年末にはソ連が解体された。

(4) Wは占領政策の転換から独立，国際社会への復帰の時期。Xは高度経済成長の時期。Yは石油危機から安定成長の時期。Zは貿易摩擦・円高不況からバブル景気の時期。

2 (1) 原敬は立憲政友会の総裁で，陸軍・海軍・外務以外のすべての大臣を立憲政友会党員で構成する初の本格的な政党内閣を組織した。

(2) 1937年に始まった日中戦争が長期化すると，政府は国家総動員法を定めて，議会の承認なしに国力のすべてを戦争に動員できるようにした。また，ほとんどの政党や政治団体が解散して大政翼賛会に合流した。

(3) A 農地改革では，地主の土地を国が買い上げ，小作人に安く売りわたされた。

B グラフを見ると，1ha以上の耕地をもつ農家の割合が低下し，1ha未満の耕地をもつ農家の割合が増大していることがわかる。

3 (1) それまでは，納税額によって選挙権が制限されていた。1925年に実現した普通選挙制度で納税額による条件は撤廃されたが，選挙権があるのは男子のみであった。女子の選挙権が実現したのは第二次世界大戦後であった。

(2) イギリス・フランスのように，海外に広大な植民地をもつ国は，ブロック経済によって不景気を乗り切ろうとした。

(3) 満州は現在の中国東北部のこと。1931年，日本の関東軍が満州事変をひきおこして「満州国」をつくり，実質的に支配した。国際連盟は「満州国」を承認せず，日本に満州からの撤兵を勧告した。そこで日本は国際連盟を脱退した。

4 (1) 国際連盟設立時の常任理事国は，イギリス・フランス・イタリア・日本であった。ソ連・ドイツについて，当初は加盟を認められなかった。アメリカは連盟設立の提案国であったが，議会の反対により加盟しなかった。

(2) 五・一五事件ののち，約8年間続いた政党政治が終わり，官僚や軍部出身者が内閣を組織することが増えた。二・二六事件後，政治に対する軍部の発言力がいっそう高まった。

11 現代社会の特色，日本国憲法

基礎問題 解答

11 現代社会の特色，日本国憲法

基礎問題 解答

→ 問題42ページ

1 ①グローバル化　②情報化　③少子高齢化　④核家族　⑤年中行事　⑥効率　⑦公正
2 ⑧国民主権　⑨象徴　⑩最高法規
3 ⑪精神の自由　⑫経済活動の自由　⑬生存権　⑭公共の福祉　⑮納税の義務
4 ⑯環境アセスメント〔環境影響評価〕　⑰知る権利　⑱プライバシーの権利　⑲世界人権宣言

基礎力確認テスト 解答・解説

→ 問題44ページ

1 (1) ウ　(2) イ
2 (1) ウ→イ→エ→ア　(2) ア
3 (1) 最高法規　(2) P：イ　Q：ウ　R：ア
4 (1) X：戦力　Y：交戦権　(2) エ　(3) ア

1 (1) 資料1を見ると，2019年は1980年に比べて0〜14歳の人口割合が低下しているので**少子化**が，65歳以上の人口割合が上昇しているので**高齢化**が進んだといえる。
(2) **端午の節句**は男子の健やかな成長を願う行事で，5月5日に祝われる。**ア**（2月）には節分，**ウ**（9月）には彼岸会，**エ**（12月）には大掃除などが行われる。
2 (1) **ウ**は1776年，**イ**は1919年，**エ**は1946年，**ア**は1948年。
(2) a 衆議院と参議院の両方で総議員の3分の2以上の**賛成**がなければ，憲法改正原案は廃案となる。法律案の審議などでは，国会（本会議）での議決では出席議員の**過半数の賛成**で可決されることから，憲法改正には慎重を期した手続きがとられていることがわかる。
b・c 18歳以上の国民による**国民投票**で，**過半数**の賛成があれば，改正が成立する。改正憲法は，国民の名で天皇が公布する。
3 (1) 憲法は法の体系の頂点に位置しており，これに反する法令は無効とされる。
(2) Pの勤労の権利は，生存権，教育を受ける権利，労働基本権〔労働三権〕とともに，**社会権**である。
Qは法定手続きの保障のことなので，**身体の自由**。身体の自由は，**自由権**にふくまれる。身体の自由には，奴隷的拘束や苦役からの自由などもある。
Rは**法の下の平等**のことなので，**平等権**である。日本国憲法第14条第1項は「すべて国民

は，法の下に平等であって，人種，信条，性別，社会的身分又は門地により，政治的，経済的又は社会的関係において，差別されない。」と定めている。
4 (1) 平和主義について定めた日本国憲法第9条の条文。Xは，「陸海空軍」とあることから，**戦力**である。軍隊としないこと。Yは戦争を行う権限のことで，**交戦権**である。
(2) **自由権**は，**身体の自由**，**精神の自由**，**経済活動の自由**からなるので，**エ**が正しい。**ア**の大日本帝国憲法でも人権についての規定はあったが，法律の範囲内で認められるものとされた。**イ**の日本国憲法では，自由や権利は公共の福祉に反しない限りにおいて保障されるとしている。**ウ**の「世界で初めて生存権などの社会権を規定した」のはドイツの**ワイマール憲法**である。
(3) 自己決定権は，自分の生き方について自分で決める権利のこと。医療の分野で自己決定権を尊重するために，医師が患者に治療の仕方についてじゅうぶん説明したうえで同意を得ることが一般的になっている。これを**インフォームド・コンセント**という。**イ**はプライバシーの権利を保護するための制度。**ウ**は市民の苦情を受け付け，処理したり，行政が正しく行われているかどうかを監視したりする人。**オンブズパーソン**ともよばれる。**エ**は環境権を保護するため，大規模な開発に際して，事前に環境への影響を調査すること。

基礎問題 解答

→ 問題46ページ

1 ①小選挙区制　②比例代表制　③1票の格差　④政権公約〔マニフェスト〕
　　⑤連立政権〔連立内閣〕

2 ⑥立法機関　⑦衆議院の優越　⑧両院協議会　⑨常会〔通常国会〕　⑩国政調査権

3 ⑪内閣総理大臣　⑫条約　⑬議院内閣制　⑭総辞職　⑮行政改革

4 ⑯最高裁判所　⑰再審制度　⑱裁判員制度　⑲三権分立

5 ⑳民主主義の学校　㉑条例　㉒地方交付税交付金

基礎力確認テスト 解答・解説

→ 問題48ページ

1 (1) 間接民主制　(2) 地方交付税交付金　(3) エ
　　(4) D：一票の格差　E：(例)法の下の平等に反すること

2 (1) (例)国会は国権の最高機関であり，国の唯一の立法機関である。　(2) ア
　　(3) イ，オ(順不同)　(4) 民主主義

3 (1) ①責任　②ア　③ア　(2) エ

4 ①オ　②イ

---

1 (1) 国民が，代表者を通じて，間接的に政治を行う**民主主義**のしくみなので，**間接民主制**である。**議会制民主主義**ともいう。全員が話し合いに参加するしくみは**直接民主制**という。
(2) 地方公共団体に国から配分される財源には，**自主財源**の割合が低い地方公共団体に手厚く交付され，使い道が自由な**地方交付税交付金**と，特定の事業のために国から使いみちを指定されて交付される**国庫支出金**がある。
(3) 衆議院は参議院よりも議員の任期が短く，**解散**もあるので，任期途中で失職することもある。参議院議員の**被選挙権**は，都道府県知事と同じ**満30歳以上**の人が持つ。
(4) **資料3**の長崎3区や高知3区では，千葉4区や神奈川10区に比べて半分以下の得票数で当選することができるので，一票の価値に2倍以上の差がある。これを，**一票の格差**といい，平等権(**法の下の平等**)に反する。

2 (1) 国会は，主権者である国民の代表者で構成されているので，国の権力の「**最高機関**」とされている。また，法律を制定することのできるただ一つの**立法機関**である。
(2) 衆議院と参議院の議決が一致しない場合に開かれるのは**両院協議会**である。
(3) 住民が規定数の署名を集めて**条例の制定・改廃**を求める場合の請求先は，**市町村長**または**知事**なので，**イ**は正しい。地方議会が首長の不信任決議権を持つのに対し，首長は

地方議会の解散権を持つので，**オ**は正しい。**ア**の都道府県知事の被選挙権は満30歳以上の人がもつので，まちがい。**ウ**の条例の制定は**地方議会**が行うので，まちがい。**エ**の予算を決定するのは**地方議会**である。首長は予算を作成するので，まちがい。

3 (1) ②内閣が締結した**条約**は，国会の承認を経てはじめて効力をもつ。**イ・ウ**は国会，**エ**は地方議会の権限である。
③法律案は内閣か国会議員のいずれかが提出することができるので，**ア**が正しい。法律案はどちらの議院で先に審議してもよいので，**イ**はまちがい。法律案の議決には**衆議院の優越**があり，衆議院が可決し，参議院が否決しても，衆議院が**出席議員の3分の2以上の賛成**で再可決すれば法律となるので，**ウ**はまちがい。法律の公布は**天皇の国事行為**なので，**エ**はまちがい。
(2) 裁判員裁判は，地方裁判所で行われる重大な刑事裁判で行われるので，**ア**はまちがい。裁判員は「すべての国民」ではなく20歳以上の国民の中から選ばれるので，**イ**はまちがい。裁判員裁判は，原則として裁判官3人と裁判員6人で構成されるので，**ウ**はまちがい。

4 ①の**違憲立法審査**は，国会が制定した法律が憲法に違反していないかどうかを判断する裁判所の権限である。②の**衆議院の解散**は内閣が決定する。

13 経済と財政

→ 問題50ページ

基礎問題 解答

1 ①消費支出 ②クーリング・オフ（制度） ③製造物責任法〔ＰＬ法〕 ④商業
2 ⑤資本主義（経済） ⑥公企業 ⑦株式会社 ⑧労働組合 ⑨労働基準法
3 ⑩均衡価格 ⑪物価 ⑫独占禁止法 ⑬公共料金 ⑭金融 ⑮日本銀行
4 ⑯直接税 ⑰累進課税（制度） ⑱公債 ⑲介護保険（制度） ⑳環境基本法 ㉑円高

基礎力確認テスト 解答・解説

→ 問題52ページ

1 (1) インフレーション〔インフレ〕 (2) 団体交渉権 (3) クーリング・オフ（制度）
(4) ①ウ ②変化：(例) 一般会計歳出に占める国債費の割合は増加する傾向にある。 影響：
(例) 国債の発行は，国債費以外の歳出を圧迫している。 (5) エ
2 (1) 為替相場〔為替レート〕 (2) ウ
3 (1) ①イ ②ウ (2) 公正取引委員会 (3) 介護保険制度 (4) 株主総会
4 ウ

1 (1) **好況〔好景気〕**のときは，市場に流通する貨幣の量が増えるため，貨幣の価値は低下する。その結果，物価が持続的に上昇する。
(2) **雇われている**労働者は，単独では使用者に対して圧倒的に力が弱い。そこで**団結権**にもとづいて労働組合を結成し，**労働組合**が使用者と対等な立場で協議する**団体交渉権**が保障されている。
(3) 「クーリング・オフ」＝冷静になる期間を設け，契約を解除する権利が消費者に認められている。
(4) ①**高齢化**の進行にともなって，**年金や医療費**の支出が増加し，歳出に占める**社会保障関係費**の割合が大きくなっている。
②税収の不足を補うために**国債**の発行額が増大しており，その返済のための**国債費**の支出が増加する傾向にある。税収はあまり増えていないので，歳出全体に占める国債費の割合が増大してきている。そのため，他の支出が削られるなどの影響が生じている。
(5) 一般に，**好況〔好景気〕**のときは通貨量を減らそうとし，**不況〔不景気〕**のときは増やそうとする。**日本銀行**の**金融政策**では，通貨量を減らすときには国債などを売却し，通貨量を増やすときには国債などを購入する。
2 (1) 自国の通貨と外国の通貨の交換比率である**為替相場〔為替レート〕**は，ふつう１ドル＝110円，１ユーロ＝130円などと表される。
(2) **A・B** １ドル＝100円から１ドル＝80円に変わることを，円の価値が相対的に高まっ

たという意味で**円高**，１ドル＝100円から１ドル＝120円に変わることを，円の価値が相対的に安くなったという意味で**円安**という。
C・D ２万ドルの自動車は，１ドル＝80円のときは２万（ドル）×80（円）＝160（万円），１ドル＝120円のときは２万（ドル）×120（円）＝240（万円）となる。１ドル＝120円のときの方が価格が高くなるので，**円安は日本の輸入に不利**であることがわかる。
3 (1) ①**家計**は**企業**に**労働力**を提供する。その対価として，企業は家計に**賃金**を支払う。
②企業は政府に対して，**法人税**などの税金を納めている。
(2) **公正取引委員会**は，カルテルの防止や不正な取り引きの禁止など，企業活動を監視する役割を果たしている。
(3) 高齢化の進行にともない，社会全体で介護に取り組むことをめざして**介護保険制度**が導入された。
(4) **株主総会**は**株式会社**の最高議決機関である。実際の経営は，株主総会で選出された取締役からなる**取締役会**があたる。
4 **D**は**需要曲線**，**S**は**供給曲線**である。不作のときは，生産量が減少するので供給量も減少する。したがって，**S**の供給曲線が左に移動し，梨の価格は上昇する。

基礎問題 解答

→ 問題54ページ

1 ①領空 ②国際法 ③地域主義〔リージョナリズム〕 ④ヨーロッパ連合〔EU〕
⑤アジア太平洋経済協力会議〔APEC〕

2 ⑥総会 ⑦拒否権 ⑧国際司法裁判所 ⑨国連児童基金〔UNICEF, ユニセフ〕
⑩国連教育科学文化機関〔UNESCO, ユネスコ〕 ⑪平和維持活動〔PKO〕

3 ⑫地域紛争 ⑬難民 ⑭核(兵器)拡散防止条約〔核不拡散条約, NPT〕
⑮政府開発援助〔ODA〕 ⑯NGO

4 ⑰国連環境開発会議〔地球サミット〕 ⑱京都議定書 ⑲再生可能エネルギー
⑳南北問題

基礎力確認テスト 解答・解説

→ 問題56ページ

1 (1) ウ (2) エ (3)(例)<u>核保有国以外の国々が核兵器を持つことを禁止する。</u>

2 (1) 常任理事国 (2) ユネスコ (3) 南北問題

3 (1)(例) 国家の主権平等という原則があるから。 (2) 国際司法裁判所

4 (1) イ (2) ア, ウ, エ(順不同)

5 (1) 地域主義〔リージョナリズム〕 (2) イ

6 A：京都 B：パリ

---

1 (1) 第二次世界大戦後, アフリカでは植民地の独立が相次ぎ, 1960年は「**アフリカの年**」とよばれるほど独立国が生まれた。よって, 1945年から1980年にかけて, 大はばに加盟国数が増加している**ウ**が正解。**ア**はアジア, **イ**は南北アメリカ, **エ**はオセアニアである。

(2) 国連児童基金のこと。予防接種の実施や学校への援助などを進めている。**ア**は世界保健機関, **イ**は国連難民高等弁務官事務所, **ウ**は国連教育科学文化機関である。

(3) すでに核兵器を保有していたアメリカ・ソ連・イギリスなどの大国は, 核兵器を持つ国が増えることを警戒していた。**核拡散防止条約**は成立したが, その後, インド・パキスタン・北朝鮮などが核兵器の保有を宣言し, また, ひそかに保有する国があるとみなされている。

2 (1) 安全保障理事会は常任理事国と**非常任理事国**で構成され, アメリカ合衆国・イギリス・フランス・中国・ロシア連邦の常任理事国は**拒否権**を持っている。

(2) 国連教育科学文化機関〔UNESCO〕のこと。教育・科学・文化の交流を通じて世界の平和を実現することを目的に設立され, 本部はパリに置かれている。

(3) 先進工業国(先進国)が主として地球の北側に多く, 発展途上国がその南側に多いことから, 南北問題とよばれている。

3 (1) 国際社会には, **主権平等の原則**と**内政不干渉の原則**がある。

(2) 国際司法裁判所はオランダのハーグにあり, 条約など**国際法**の解釈や, 国際法にもとづく紛争の解決などにあたっている。

4 (1) 国家の主権がおよぶ**領域**は, 陸地の**領土**と, 沿岸から**12海里**以内の**領海**, および領土・領海の上空の**領空**である。図中のⅠが領海で, Ⅲが領空なので, 主権がおよぶ範囲は領土のほかⅠとⅢである。

(2) **イ・オ・カは化石燃料**で, 燃やすと**二酸化炭素**が大量に発生する。

5 (2) APECは**アジア太平洋経済協力会議**の略称。日本をはじめ, 中国・韓国・フィリピンやアメリカ合衆国・カナダ・ペルー・オーストラリアなどが参加している。**ア**はヨーロッパ連合, **ウ**は国際通貨基金, **エ**は東南アジア諸国連合のことである。

6 A京都議定書は, 温室効果ガスの削減義務を先進国のみに義務付けた。

Bパリ協定は, 中国やインドなどの発展途上国を含む多くの加盟国が, 産業革命以前からの気温上昇を2℃よりも十分に低く抑えることを目標として削減に取り組んでいる。

➲58ページ

解答

1 (1) a：エ　b：オ
(2) X：季節風〔モンスーン〕　Y：東南アジア諸国連合〔アセアン，ＡＳＥＡＮ〕
(3) ユーロ　(4) (例) 国境でパスポートを見せることなく，自由に通行することができる。
(5) バイオエタノール〔バイオ燃料〕

2 (1) 赤石(山脈)　(2) 記号：ⓔ　県名：山梨(県)　(3) ウ
(4) 火力：イ　水力：ア　原子力：ウ

3 (1) (例) 律は刑罰のきまりのことで，令は政治を行う上でのきまりのこと。　(2) ウ
(3) ア，エ(順不同)　(4) 択捉島　(5) ①C　②A　③D

4 (1) イ　(2) (例) 後三条天皇の母が藤原氏の娘ではないから。(20字)　(3) 執権
(4) 解体新書　(5) イ　(6) ア→ウ→イ

5 (1) 議院内閣制　(2) 総辞職〔内閣総辞職〕　(3) ウ　(4) イ
(5) インフレーション〔インフレ〕　(6) イ

6 (1) オゾン層　(2) フランス　(3) (例) 1か国でも反対すると，決議できない

解説

1 (1) a　アルプス山脈はアルプス・ヒマラヤ造山帯に属する高く険しい山脈で，世界的な観光地でもある。国際河川のライン川が流れ出ている。
b　アンデス山脈は環太平洋造山帯に属する高く険しい山脈で，南アメリカ大陸の西部を南北に走っている。アンデスの高地はすごしやすい気候で，リャマ・アルパカなどの飼育や，じゃがいもの栽培などが行われている。
(2) X　季節風〔モンスーン〕は，夏と冬で風向きが逆になる風。東南アジアにあるタイでは，夏は南の海洋からの季節風が吹き，降水量が多くなる。
Y　東南アジア諸国連合〔ＡＳＥＡＮ〕諸国は，近年，経済発展がめざましい。最近は，中国・韓国・日本を加えたＡＳＥＡＮ＋3の会合もしばしば開かれている。
(3) ユーロはヨーロッパ連合〔ＥＵ〕共通の通貨で，ＥＵ加盟国の多くで通貨として流通している。
(4) ＥＵの域内では，原則として人・もの・資本の移動が自由で，パスポートを提示しなくても国境をこえて自由に往来することができる。
(5) バイオエタノール〔バイオ燃料〕は，さとうきび・とうもろこしなどを原料として生産され，生育のときに二酸化炭素を吸収しており，燃焼しても大気中の二酸化炭素の量は増えないとされている。そのため，ブラジルやアメリカ合衆国で増産されている。

2 (1) 南アルプスともよばれる赤石山脈である。
(2) ⓐは青森県，ⓑは新潟県，ⓒは茨城県，ⓔは山梨県。表中のdはぶどうの生産量が特に多いので，甲府盆地でぶどうの栽培がさかんな山梨県である。aは米の生産量が多いので，越後平野で稲作がさかんな新潟県である。bはキャベツの生産量が多いので，近郊農業による野菜の生産がさかんな茨城県である。cはりんごの生産量が特に多いので，津軽平野などでりんごの栽培がさかんな青森県である。
(3) 全国においても瀬戸内工業地域においても，最も割合が高いのは機械工業である。瀬戸内工業地域は石油化学コンビナートがあることから，全国に比べて化学工業の割合が高い。このことから，Bが化学工業，Aが機械工業となり，Ⅰが瀬戸内工業地域，Ⅱが全国となる。
(4) 2010年に比べて2017年の割合が大きく低下しているウは，2011年の東日本大震災にともなう事故で，一時は全国の発電所が運転を停止したことで，割合が大きく低下した原子力発電である。2010年と2017年のいずれにおいても割合が最も高いイは火力発電である。残ったアが水力発電となる。

3 (1) 唐は律令などの法令を定め，税制や兵役の義務を整えて，大帝国を築き上げた。日本は唐の律令にならった大宝律令を定め，律令国家を完成させた。
(2) 平安時代のはじめ，坂上田村麻呂は征夷

大将軍に任じられ，東北地方の蝦夷を攻撃した。征夷大将軍は，当初は蝦夷討伐の最高司令官という意味の役職であったが，**源頼朝**以降は武家の棟梁という意味の地位になった。**ア**は鎌倉幕府の執権，**イ**は関白や太政大臣，**エ**は太政大臣になったが，征夷大将軍には任命されていない。

(3) **ア**は**アヘン戦争**に敗れた清がイギリスと結んだ**南京条約**の内容。**エ**について，1931年に**満州事変**をひきおこした日本の関東軍は，清朝最後の皇帝を元首とする**満州国**をつくり，実質的に支配した。

(4) 北方領土は択捉島のほか，国後島・色丹島・歯舞群島からなる。

(5) ①は室町時代，②は飛鳥～奈良時代，③は江戸時代である。

4 (1) 奈良時代には，歴史書の『**古事記**』と『**日本書紀**』がつくられた。**ア**は鎌倉時代，**ウ**は平安時代，**エ**は鎌倉時代の書物である。

(2) **藤原頼通**は，父の**道長**とともに藤原氏による**摂関政治**の全盛期を築いた。藤原氏は**娘を天皇のきさきにし，生まれた子を天皇に立てて政治の実権をにぎった。**これをふまえて系図を見ると，後三条天皇は藤原氏の娘から生まれた子ではない。藤原氏は天皇の母方の親戚として勢力をのばしてきたので，母が藤原氏の娘ではない後三条天皇は，藤原氏にとっては好ましくなかったのである。

(3) **執権**は将軍の補佐役。北条義時のときに，実際に政治を動かす幕府の最高職になり，その後，執権の地位は北条氏が独占するようになった。

(4) **前野良沢・杉田玄白**らは，オランダ語の医学書「ターヘル・アナトミア」を翻訳し，『**解体新書**』として出版した。これにより，**蘭学**がいっそう発展した。

(5) **井上馨**が中心となって**欧化政策**をおし進めたが，国民の反発が高まって失敗に終わった。**ア**について，男女ではなく男子のみ。**ウ**について，国民主権ではなく天皇主権。国民主権は日本国憲法によって確立した。**エ**について，開拓使が置かれたのは北海道。

(6) **ア**は1956年，**イ**は1978年，**ウ**は1965年のできごとである。

5 (1) 内閣の長である**内閣総理大臣**は，国会議員の中から，国会によって指名される。また，内閣総理大臣が任命する**国務大臣**は，過半数が国会議員でなければならない。

(2) **総辞職**は，内閣の責任の取り方の1つである。**内閣不信任案**が可決された場合，内閣

は民意を問うために**衆議院を解散**し，総選挙を実施することができる。これを行わないときには，責任を取って総辞職する。

(3) 東京都の議員1人当たりの有権者数は約110万人，鳥取県は約25万人である。**110÷25＝4.4**より，1票の価値は鳥取県の有権者が4倍以上も高い。これは平等権の中心をなす「**法の下の平等**」に反するのではないかと問題になっている。「**公共の福祉**」は社会全体の利益のことで，基本的人権に制限を加える唯一の基準である。

(4) **X**がお金の流れで，**家計・企業**の両方から政府に流れていることに注目する。家計は**所得税**などを，企業は**法人税**などを政府に納めている。**ア**は民間では供給されにくい道路・港湾や病院・公園などの公共施設。**ウ**は**株式会社**が利益の一部を株主に分配するもの。**エ**は政府が地方公共団体や企業などに支出する資金。

(5) **インフレーション**のときは物価が持続的に上昇し，貨幣の価値が下がる。そのため，年金生活者などは不利になる。反対に，不景気のときには，物価が持続的に下落する**デフレーション〔デフレ〕**がしばしば見られる。

(6) **イ**について，**公企業**と**私企業**の区別の基準は資本金の大きさではない。資本主義経済のもとでは，企業は**利潤**を得ることを第一の目的として生産を行う。したがって，ほとんどの企業は利潤の追求を目的とする私企業である。他方，公企業は利潤の追求を直接の目的とはせず，国や地方公共団体が経営する企業で，上下水道や地下鉄・バスなどの地方公営企業が代表的である。

6 (1) オゾン層を破壊する力が強く，温室効果の高いフロンガスの生産は禁止されているが，南極や北極の上空での**オゾン層**の破壊は続いている。

(2) **国際連合**は，第二次世界大戦の連合国が中心となって設立され，国際連盟の失敗の反省から，**安全保障理事会**の**常任理事国**に強い権限をもたせた。連合国の中心であったアメリカ・イギリス・ソ連・フランス・中国〔中華民国〕が常任理事国となった。のちに中国の代表は中華人民共和国となり，ソ連解体ののちはロシア連邦が引き継いだ。

(3) 常任理事国に認められている**拒否権**を説明する。安全保障理事会は，5つの常任理事国と10か国の非常任理事国で構成されるが，重要事項については常任理事国の1国でも反対すると，決議ができないしくみになっている。

解答

1. (1) ウ　(2) 温帯　(3) イ
2. (1) 石川(県)　(2) ①北海道(地方)　②九州(地方)
3. (1) ①二十一か条の要求〔21か条の要求，対華二十一か条の要求〕　②李舜臣(イ・スンシン)　③町衆(ちょうしゅう)
   (2) ウ→ア→エ→イ　(3) ア，エ(順不同)　(4) 兵農分離(へいのうぶんり)　(5) ウ
   (6) (例) 農地改革により自作農家が増えた。
4. (1) ねらい：(例)一つの機関に権力が集中し，独裁や専制政治にならないようにする。〔権力のらん用を防ぎ，国民の権利を守る。〕　A：ウ　(2) エ　(3) 記号：イ　B：株主総会(かぶぬし)　(4) イ
5. (1) X：一つの選挙区から一人の議員を選出　Y：比例代表(制)　(2) ウ

解説

1. (1) **A**はイギリスのロンドンである。ロンドンには**本初子午線**（０度の経線）が通っている。**東経135度**の経線が標準時子午線の日本との経度の差は135度，つまり時差は**135÷15＝9時間**である。ロンドンは日本より西に位置しているので，日本標準時より9時間前になる。ということは，ロンドンで9：00（午前9時）に開店したとき，日本標準時はその9時間後の18：00（午後6時）となる。
(2) **P**はイタリアの都市，**Q**は日本の都市，**R**はオーストラリア南東部の都市である。日本は国土の大部分が**温帯**に属するので，共通する気候帯は温帯と判断できる。**P**は温帯の地中海性気候，**Q**と**R**は温帯の温暖〔温帯〕湿潤気候に属している。
(3) **ア**は面積と人口，米の生産量の数値が大きいことから，**Y**の**インド**。**ウ**は面積が約38万km^{2}なので，**日本**である。**イ・エ**は面積・人口がほぼ同じことから，農作物の生産量と発電量から判断する。**エ**は小麦の生産量と発電量が多いことから，**X**の**フランス**である。**イ**は米の生産量が多いことから，稲作のさかんな**Z**の**タイ**である。

2. (1) **A**の石川県は**日本海側の気候**で，冬は降雪のため農作業がむずかしく，さまざまな副業が発達した。石川県の**地場産業**では，輪島市の**輪島塗**(ぬり)とよばれる漆器，金沢市の羽二重(はぶたえ)とよばれる絹織物，能美市などの九谷焼(くたにやき)とよばれる陶磁器が知られている。
(2) ①耕地面積が広い大規模な畑作と大規模な**酪農**(らくのう)に着目する。東部の**根釧台地**(こんせん)は濃霧のために気温が低く，火山灰の土壌であったので，農業はおくれていた。
②大陸に近いという点に着目する。日清戦争(にっしん)後につくられた官営の製鉄所は**八幡製鉄所**(やはた)で，

付近の筑豊炭田(ちくほう)の石炭と中国の鉄鉱石を利用した。第二次世界大戦後，エネルギー源の中心が石炭から石油にかわる**エネルギー革命**が進展し，筑豊の炭鉱はすべて閉山した。

3. (1) ①第一次世界大戦が始まり，欧米諸国(おうべい)のアジアへの関心が薄れたのをみて，日本は山東省(シャントン)のドイツ権益(けんえき)を引き継ぐことなどを内容とする**二十一か条の要求**を中国政府に突きつけ，大部分を認めさせた。
②**李舜臣**(りしゅんしん)は朝鮮の将軍で，亀甲船(きっこうせん)とよばれる軍船を率いて日本の水軍と戦った。また，朝鮮各地で義兵とよばれる民衆の抵抗運動がおこった。
③**町衆**(ちょうしゅう)は，**応仁の乱**(おうにん)で途絶えていた京都の伝統的な祭りである祇園祭を復興させた。
(2) **ア**は1789年，**イ**は1840～42年，**ウ**は1776年，**エ**は1825年のできごとである。
(3) 第一次世界大戦が終わると，1919年に**パリ講和会議**が開かれた。この会議で，中国は**山東省のドイツ権益の返還**を要求した。これが拒否されると，中国の民衆の反日感情が爆発し，北京(ペキン)での学生集会をきっかけに反日運動が盛り上がり，帝国主義(ていこく)に反対する国民運動に発展した。この国民運動が五・四運動である。**イ**は1919年に朝鮮全土で広がった，日本からの独立を求める民族運動である。**ウ**は1951年に開かれた，日本と連合国との間の講和会議である。
(4) **兵農分離**によって，武士が全国を支配する近世社会の土台が固まった。
(5) **D**は平安時代の内容。平安時代には，国風文化(こくふう)が栄えた。このころには，**浄土信仰**(じょうどしんこう)も広まった。**ア**は奈良時代，**イ**は鎌倉時代，**エ**は室町時代(むろまち)である。
(6) 小作農家の数が大はばに減少し，自作農

家の数が大はばに増えていることに着目する。第二次世界大戦後，経済の民主化の一環として**農地改革**が実施され，自作農家が大幅に増加した。

4 (1)「三つに分けて，それぞれが互いに抑制しあい，均衡（きんこう）を保つ」がヒントになる。三つに分けない場合は，一つの機関に権力が集中して，抑制されることがなくなる。そのような状態では，独裁や専制政治がおこなわれて，国民の人権がおかされやすくなる。**モンテスキュー**は主著『**法の精神**』で三権分立を主張した。**ア**は『統治二論』をあらわし，抵抗権（ていこうけん）を唱えた。**イ**は『社会契約論』（けいやくろん）をあらわし，人民主権を唱えた。**エ**は南北戦争のときのアメリカ大統領で，「人民の，人民による，人民のための政治」の演説が有名である。

(2) **政府開発援助**のことである。**ア**は非政府組織，**イ**は国連教育科学文化機関，**ウ**は世界保健機関の略称。

(3) ① 株式（かぶしき）を購入した出資者は**株主**とよばれ，保有する株式数に応じて，**配当**を受け取ることができる。

② 株価も他の商品の価格と同様，市場における需要（じゅよう）と供給（きょうきゅう）の関係によって変動する。したがって，買い手（需要）が増えると価格は上昇する。

Ｂ **株主総会**は株式会社の最高意思決定機関で，株主は保有する株式数に応じた投票権をもっている。株式会社の実際の経営は，株主総会で選任された取締役（とりしまりやく）からなる取締役会があたる。

(4) 共生社会を築くうえで，**バリアフリー**は重要な考え方となっている。**ア**は資源や製品を再利用すること，**ウ**は自発的に行う社会貢献の活動，**エ**は世界が一体になること。

5 (1) Ｘ **小選挙区制**は一選挙区から一人だけが選出される制度で，大政党に有利とされている。また，落選者に投じられた**死票**が大量に発生する。

Ｙ **比例代表制**は得票に応じて議席を配分するので，民意を正確に反映するといわれている。他方，小党分立になりやすいともいわれている。

(2) **ア**について，請願権ではなく**団結権**。団結権は労働組合を結成する権利。請願権は参政権の1つで，人権保障を実現する権利である。**イ**について，居住・移転の自由は**経済活動の自由**である。**エ**について，表現の自由は**精神の自由**である。表現の自由には集会・結社・言論・出版の自由などがある。

受験合格への道

受験の時期までにやっておきたい項目を，目安となる時期に沿って並べました。まず，右下に，志望校や入試の日付などを書き込み，受験勉強をスタートさせましょう！

受験勉強スタート！

夏秋

中学3年間を総復習する

まずは本書を使って中学3年間の基礎を固めましょう。**自分の苦手な範囲，理解が不十分な範囲，得点源となりそうな得意な範囲を知っておくことが重要です。**

単元別に対策する

①50点未満だった単元
→理解が十分でないところがあります。教科書やワーク，参考書などのまとめのページをもう一度読み直してみましょう。何につまずいているのかを確認し，ここでしっかり克服しておくことが大切です。

②50〜74点だった単元
→基礎は身についているようです。理解していなかった言葉や間違えた問題については，「基礎問題」のまとめのコーナーや解答解説をよく読み，正しく理解しておくようにしましょう。

③75〜100点だった単元
→よく理解できているので得意分野にしてしまいましょう。いろいろなタイプの問題や新傾向問題を解いて，あらゆる種類の問題，出題形式に慣れておくことが重要です。

志望校の対策を始める

実際に受ける学校の過去問を確認し，傾向などを知っておきましょう。 過去問で何点とれたかよりも，出題形式や傾向，雰囲気になれることが大事です。また，似たような問題が出題されたら，必ず得点できるよう，復習しておくことも重要です。

冬

最終チェック

付録の「要点まとめブック」などを使って，全体を見直し，理解が抜けているところがないか，確認しましょう。**入試では，基礎問題を確実に得点することが大切です。**

入試本番！

志望する学校や入試の日付などを書こう。

3年分の**要点まとめブック**

中学3年間の総復習［改訂版］ | 社 会

※地理・歴史の内容は、
『中学1・2年の総復習 社会』の
内容とほぼ共通のものとなります。

世界の姿

1 世界の姿と世界の地域区分

①地球の大きさ…赤道の全周は約4万km。
陸地と海洋の面積比は3：7。

重要 ②六大陸…大きい順に、ユーラシア大陸、ア
フリカ大陸、北アメリカ大陸、南アメリカ
大陸、南極大陸、オーストラリア大陸。

重要 ③三大洋…大きい順に、太平洋、大西洋、イ
ンド洋。

④州…アジア州、ヨーロッパ州、アフリカ州、北アメリ
カ州、南アメリカ州、オセアニア州。
● アジア州はさらに、西アジア、南アジア、中央アジ
ア、東南アジア、東アジアに分けられる。

注! ⑤緯度…南北の位置を表す。緯度0度の赤道よりも南
を南緯、北を北緯で表す。

注! ⑥経度…東西の位置を表す。経度0度の本初子午線よ
りも東を東経、西を西経で表す。

⑦白夜…北極、南極付近では夏至のころ、夜になっても
太陽が完全に沈まない。

⑧国境線…緯線や経線を利用した直線の国境線、山脈や川
などの自然の国境線がある。

⑨海洋国〔島国〕…海に囲まれた国 例 日本、フィリピン、
ニュージーランドなど。

⑩内陸国…海に面していない国 例 モンゴル、スイス、
ボリビアなど。

▲大陸と海洋、州区分

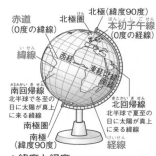

▲緯度と経度

得点UPポイント
面積・人口上位3か国

面積（2018年）
ロシア連邦、カナダ、アメリ カ合衆国

人口（2020年）
中国、インド、アメリカ合衆国

※インドが最多となる見込みと2023年
に発表

日本の姿

1 日本の位置と領域

◎重要 ①日本の大きさ…面積は約 38 万 km²，列島の長さは約 3000km。

よくでる ②日本の範囲…南北はおよそ北緯 20 〜 46 度，東西はおよそ東経 122 〜 154 度。南端は沖ノ鳥島，北端は択捉島，東端は南鳥島，西端は与那国島。

◎重要 ③排他的経済水域…領海（12 海里）の外側で海岸線から 200 海里までの水域。沿岸国に水域内の鉱産資源や水産資源の優先権がある。

④北方領土…択捉島，国後島，色丹島，歯舞群島。ロシア連邦に占拠されている。

よくでる

日本の排他的経済水域

▲日本の領域と排他的経済水域

2 標準時と時差

● 時差…各国・地域が標準時子午線を基準にして決める標準時の差。

● 日本の標準時子午線…兵庫県明石市を通る東経 135 度の経線。

注意! ● 時差の計算…地球は 24 時間で 1 回転（360 度）自転する→経度差 15 度で 1 時間の時差。

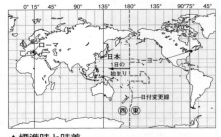

▲標準時と時差

・東半球どうし，西半球どうしの 2 地点間の時差→（大きい経度 − 小さい経度）÷ 15 度。

例 東京とローマ…(135 度 − 15 度) ÷ 15 = 8 時間

・東半球と西半球の 2 地点間の時差→両地点の経度の和 ÷ 15

例 東京とニューヨーク…(135 度 + 75 度) ÷ 15 = 14 時間

3 日本の地方区分

● 都道府県… 1 都（東京都）・1 道（北海道）・2 府（大阪府・京都府）・43 県。

得点UPポイント
これだけは覚える県庁所在都市（県名と異なる）

札 幌 市（北海道）	金 沢 市（石川県）
盛 岡 市（岩手県）	甲 府 市（山梨県）
仙 台 市（宮城県）	津 市（三重県）
水 戸 市（茨城県）	大 津 市（滋賀県）
宇都宮 市（栃木県）	神 戸 市（兵庫県）
前 橋 市（群馬県）	松 江 市（島根県）
さいたま市（埼玉県）	高 松 市（香川県）
横 浜 市（神奈川県）	松 山 市（愛媛県）
名古屋 市（愛知県）	那 覇 市（沖縄県）

よくでる

北海道地方
中部地方
東北地方
中国・四国地方
関東地方
近畿地方
九州地方

▲ 7 地方区分

人々の生活と環境

1 世界の気候区分

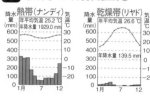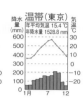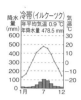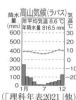

（「理科年表2021」他）

◎重要
- **熱帯**…1年じゅう高温で年降水量が多い。赤道付近に分布。**熱帯林**が生育。
- **乾燥帯**…1年じゅう降水量が少ない。草や水を求めて家畜を連れて移動する**遊牧**。砂漠で水が得られる**オアシス**。
- **温帯**…**四季の変化**が明確。
- **冷帯〔亜寒帯〕**…冬の寒さがきびしく，夏は短い。針葉樹の森林**タイガ**が分布。
- **寒帯**…1年じゅう寒さがきびしい。
- **高山気候**…低緯度でも気温が低い。アンデスの高地で**リャマ**や**アルパカ**を飼育。

▲気候グラフと世界の気候区分

2 世界の宗教

- **キリスト教**…クリスマスの行事がある。

注意！
- **イスラム教**…聖地**メッカ**に向かい1日に5回**礼拝**する。
- **仏教**…タイなどでは男性が僧になって修行する習慣がある。
- **ヒンドゥー教**…インドの民族宗教。

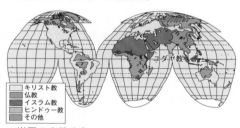

▲世界の宗教分布

得点UPポイント
宗教の特徴を区別！

「豚はNO！」…イスラム教
「牛は神！」…ヒンドゥー教

世界の諸地域

1 アジア州・オセアニア州の国々

①アジア…季節風〔モンスーン〕の影響を受ける。

- **中国**…高齢化が進み，2015年に一人っ子政策を廃止。**漢族〔漢民族〕**と少数民族。華中・華南で**米**，華北で**小麦**を生産。経済特区に外国企業を誘致。
- **韓国**…台湾，ホンコン，シンガポールとともにアジア**NIES**（新興工業経済地域）に数えられる。

▲アジア州の国々

- **東南アジア**…10か国が**ASEAN〔東南アジア諸国連合〕**に加盟。**プランテーション**。
- **インド**…米・小麦・茶の生産。**ICT**（情報通信技術）産業。

3

● **サウジアラビア**…ペルシャ湾岸に油田。**OPEC**〔石油輸出国機構〕に加盟。

②**オセアニア**…さんごしょうや火山の島々。

● **オーストラリア**…牧羊・牧牛，小麦栽培。**石炭・鉄鉱石**を産出。**白豪主義**をやめ，多文化社会をめざす。先住民は**アボリジニ**。

▲オセアニア州の国々

2 ヨーロッパ州・アフリカ州の国々

①**ヨーロッパ**…**暖流**と**偏西風**の影響で高緯度でも温暖。

● **混合農業**…穀物栽培と家畜の飼育を組み合わせた農業。

● **地中海式農業**…夏の乾燥に強い**ぶどう・オリーブ**などの果樹と冬の雨を利用する小麦を栽培する農業。

● **ドイツ**…ルール工業地域がある。

● **フランス**…EU 最大の農業国。首都パリは国際観光都市。

▲ヨーロッパ州の国々

● **EU**〔ヨーロッパ連合〕… **27 か国**（2020 年）が加盟。政治・経済・社会面で共通の政策をとる。共通通貨は**ユーロ**。

②**アフリカ**…世界最長の**ナイル川**，世界最大の**サハラ砂漠**。かつてヨーロッパの**植民地**として分割→現在も直線の国境線が多い。

● **モノカルチャー経済**…**カカオ**，金，**レアメタル**〔希少金属〕など，限られた種類の産物の輸出にたよる。

● **南アフリカ共和国**…かつての**アパルトヘイト**〔人種隔離政策〕を廃止。

▲アフリカ州の国々

3 北アメリカ州・南アメリカ州の国々

①**北アメリカ**…太平洋側に**ロッキー山脈**。

● **アメリカ合衆国**…適地適作の**企業的農業**。「**世界の食料庫**」。**サンベルト**や**シリコンバレー**で先端技術産業（ICT産業など）。**ヒスパニック**（中南米からのスペイン語系の移民）が多い。**ニューヨーク**は世界の政治・経済の中心都市。

● **カナダ**…アメリカ合衆国，**メキシコ**とともに USMCAという貿易協定を結ぶ。

②**南アメリカ**…太平洋側に**アンデス山脈**。

● **ブラジル**…世界最大の**コーヒー**の生産・輸出国。さとうきびを原料とする**バイオエタノール**の生産がさかん。鉄鉱石の産出・輸出，鉄鋼の生産がさかん。アマゾン川流域の開発で**熱帯林**が消失する環境問題。**ポルトガル語**を公用語とする。

▲北アメリカ州・南アメリカ州の国々

シリコンバレーとサンベルト

シリコンバレー…サンフランシスコ郊外の一地域
サンベルト…北緯 37 度以南の広い地域

日本の地域的特色

❶ 自然

重要 ①**造山帯〔変動帯〕**…高くけわしい地形で，地震や火山の活動が活発。環太平洋造山帯とアルプス・ヒマラヤ造山帯。

②日本の国土…約**4分の3**が**山地・丘陵地**。

重要 ③**日本アルプス**…高くけわしい**飛驒山脈**，**木曽山脈**，**赤石山脈**。

重要 ④**リアス海岸**…山地が海に沈んでできた複雑な海岸線。

⑤海流…**寒流**の親潮〔千島海流〕とリマン海流。**暖流**の黒潮〔日本海流〕と対馬海流。

意! ⑥日本の川…**短くて流れが急**。山地から平地に出るところに**扇状地**，河口に**三角州**をつくる。

⑦日本の気候…大部分が**温帯**。夏と冬で風向が反対になる**季節風〔モンスーン〕**の影響で，**四季**が明確。北海道は**冷帯〔亜寒帯〕**，南西諸島は**亜熱帯**の気候。**梅雨**や**台風**のため，降水量が多い。

⑧自然災害…**地震**と**津波**（2011年の**東日本大震災**）。**火山の噴火**。**台風**による暴風や高潮。干害〔干ばつ〕。東日本の冷害。防災のための**防災マップ〔ハザードマップ〕**。

▲造山帯

▲日本の地形と海流

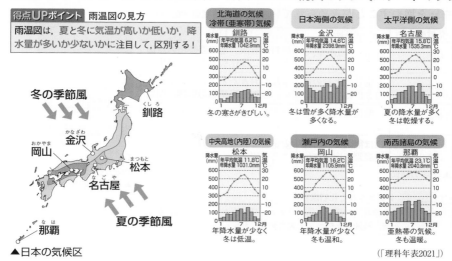

得点UPポイント 雨温図の見方
雨温図は，夏と冬に気温が高いか低いか，降水量が多いか少ないかに注目して，区別する！

▲日本の気候区

北海道の気候 冷帯（亜寒帯）気候
釧路 年平均気温 6.2℃ 年降水量 1042.9mm
冬の寒さがきびしい。

日本海側の気候
金沢 年平均気温 14.6℃ 年降水量 2398.9mm
冬は雪が多く降水量が多くなる。

太平洋側の気候
名古屋 年平均気温 15.8℃ 年降水量 1535.3mm
夏の降水量が多く冬は乾燥する。

中央高地〔内陸〕の気候
松本 年平均気温 11.8℃ 年降水量 1031.0mm
年降水量が少なく冬は低温。

瀬戸内の気候
岡山 年平均気温 16.2℃ 年降水量 1105.9mm
年降水量が少なく冬も温和。

南西諸島の気候
那覇 年平均気温 23.1℃ 年降水量 2040.8mm
亜熱帯の気候。冬も温暖。

（「理科年表2021」）

5

2 人口

◎重要 ①世界の人口…約78億人
（2020年）。アジア州に約
60％が集中し，人口密度が
高い。アジアやアフリカの
発展途上国で人口が急激に
増加（人口爆発）。

②日本の人口…1億2617
万人（2019年）。少子高齢（こうれい）
社会。

注意！ ③過密（かみつ）…人口の半分近くが住む東京，大阪，
名古屋の三大都市圏と，地方中枢（ちゅうすう）都市（札
幌，仙台，広島，福岡）などに人口が集中。

注意！ ④過疎（かそ）…地方の農山漁村で，地域社会の維持
が困難になるほど人口が減少し，高齢化が進展。

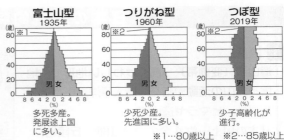

富士山型 1935年
多死多産。
発展途上国
に多い。

つりがね型 1960年
少死少産。
先進国に多い。

つぼ型 2019年
少子高齢化が
進行。

※1…80歳以上 ※2…85歳以上
(2020/21年版「日本国勢図会」ほか)

▲日本の人口ピラミッド

| 東京 27.0% | 大阪 13.2 | 名古屋 7.4 | その他52.4 |

2019年（2020/21年版「日本国勢図会」）
▲三大都市圏の人口割合

3 資源・エネルギー

①鉱産資源の分布…石油や鉄鉱石，レア
メタル〔希少金属〕などは特定の地域
で，石炭などは世界各地で産出。日本
は鉱産資源のほとんどを輸入にたよる。

◎重要 ②発電…環境にやさしい再生可能エネル
ギーを増やすことが求められている。

カスピ海　カリブ海
＋石油 ■石炭
▲鉄鉱石 ●銅鉱
×ボーキサイト
ペルシャ湾

▲鉱産資源の分布

発電の種類	長所	短所
火力	発電効率がよい。	燃料が有限。地球温暖化の原因となる二酸化炭素を多く排出。
原子力	安定して大量の電力を供給できる。	事故がおきたときの被害が大きい。放射性廃棄物の処理に問題。
水力	二酸化炭素を出さない。	発電所の建設が環境破壊につながる。
再生可能エネルギー	ほぼ無限で，二酸化炭素を出さない。	安定して大量の電力を供給することが困難。

▲発電の特色

火力 82.3%
水力8.7%
原子力6.2%
※再生可能エネルギー2.8%

2018年度
※その他を含む。
(2020/21年版「日本国勢図会」)

▲日本の発電の内訳

ミス注意！ レアメタルと化石燃料

レアメタル…クロム，コバルト，プラチナ，リチウムなど。有用だが産出量が少ない
化石燃料…石炭，石油，天然ガス。火力発電に利用。いずれなくなる

4 産業

①農業

● **米**…北陸や東北地方は水田単作地帯。

● **野菜**…栽培時期を早める**促成栽培**，遅らせる**抑制栽培**。大消費地周辺の**近郊農業**。

● **果実**…りんごは冷涼な**東日本**，みかんは温暖な**西日本**。盆地の**扇状地**でぶどうなど。

● **畜産**…北海道や九州南部で大規模経営。

②林業…国土の約**3分の2**が**森林**で，資源が豊富。**従事者の不足**と**高齢化**が課題。

③水産業…日本近海は世界的な好漁場。

● **とる漁業**…**遠洋漁業**，**沖合漁業**，**沿岸漁業**。資源の減少や**排他的経済水域**の設定などで漁獲量が減少。

● **育てる漁業**…海などを網で仕切って大きくなるまで育てる**養殖漁業**と，稚魚や稚貝を海や川に放流し，大きくなってからとる**栽培漁業**。

④工業

● **太平洋ベルト**…**京浜**，**中京**，**阪神**の工業地帯と，**京葉**，**東海**，**瀬戸内**，**北九州**などの工業地域が連なる。

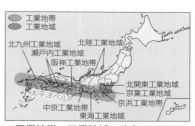

▲工業地帯・工業地域の分布

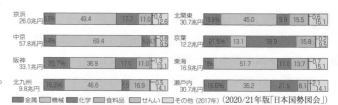

▲工業地帯・地域の生産額割合

5 交通・通信

①交通…高速化が進み，世界の**時間距離**が短縮。

● **航空輸送**…**人**や**小型・軽量で高価な貨物**を輸送。

● **海上輸送**…**重厚長大な貨物**を輸送。

②加工貿易…日本の経済をささえてきた，**原料を輸入して工業製品を輸出**する貿易。現在は工業製品の輸入が増加→国内の生産がおとろえる**産業の空洞化**。

③通信…光ファイバーなどの情報通信網の高速化で**インターネット**の利便性が高まり，**スマートフォン**などの情報端末が普及→情報社会の深化。

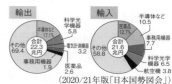

▲日本の航空輸送貨物（2019年）

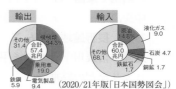

▲日本の海上輸送貨物（2018年）

1 九州地方，中国・四国地方

①**九州地方**…中心都市は**地方中枢都市**の**福岡市**。

- **シラス台地**…畑作や大規模な畜産。

◎重要
- **宮崎平野**…きゅうり，ピーマンなどの**促成**栽培。
- **北九州工業地域**(福岡県)…官営の**八幡製鉄所**から発展。
- **九州新幹線**…博多と鹿児島中央を結ぶ。

②**中国・四国地方**…中心都市は**地方中枢都市**の**広島市**。

注意!
- **瀬戸内の気候**…山地が季節風をさえぎり，降水量が少ない。讃岐平野には水不足に備えたため池が多い。
- **過疎化**…村おこし・町おこしで活性化をはかる。
- **高知平野**…なす，ピーマンなどの**促成**栽培。

◎重要
- **瀬戸内工業地域**…倉敷(**水島**)に**石油化学コンビナート**。
- **本州四国連絡橋**…神戸－鳴門，児島－坂出（**瀬戸大橋**），尾道－今治（**しまなみ海道**）の3ルート。

> **ミス注意!** シラスとカルデラ
> シラスは火山灰が積もった台地。カルデラは火口にできたくぼ地。

2 近畿地方，中部地方，関東地方

①**近畿地方**…中心都市は**大阪大都市圏**の中心の**大阪市**。

◎重要
- **古都**…都が置かれた**奈良・京都**。**文化財**が多い。
- **大阪**…江戸時代「天下の台所」。郊外に**ニュータウン**。
- **阪神工業地帯**（大阪・兵庫）…臨海部に鉄鋼・機械などの大工場，内陸部に中小工場。
- **伝統工業**…京都で**西陣織**などの伝統的工芸品を生産。

②**中部地方**…中心都市は**名古屋大都市圏**の中心の**名古屋市**。

◎重要
- **東海**…**中京工業地帯**(愛知・三重)→**豊田**で**自動車**，**四日市**で**石油化学**，東海で鉄鋼など。**東海工業地域**(静岡)→**浜松**で楽器・**オートバイ**，**富士**で製紙・パルプなど。
- **中央高地**…**日本アルプス**がある。**甲府盆地**でぶどう・もも，**長野盆地**でりんご，**諏訪盆地**で電子工業。
- **北陸**…**信濃川**下流の**越後平野**などで米の単作。コシヒカリなどの**銘柄米**。

▲九州地方

▲中国・四国地方

▲近畿地方

▲中部地方

③**関東地方**…中心都市は**東京大都市圏**の中心の**東京**。

- **関東平野**…日本最大の平野。関東ローム。**近郊農業**。

- **東京**…首都。日本の政治・経済・文化の中心。周辺から**通勤客**などが集まり，昼間人口が夜間人口より多い。

- **京浜工業地帯**（東京・神奈川）…印刷業がさかん。
- **京葉工業地域**（千葉）…鉄鋼，石油化学工業。

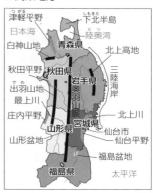

▲関東地方

3 東北地方，北海道地方

①**東北地方**…中心都市は**地方中枢都市**の仙台市。

- **三陸海岸**…リアス海岸が発達→**養殖漁業**がさかん。
- 稲作…**秋田平野，庄内平野，仙台平野**などでさかん。

- 果実…青森でりんご，山形でさくらんぼ，福島でもも。

- 交通…**東北新幹線，東北自動車道**で首都圏と接続。
- 東日本大震災…2011年3月11日の巨大地震と津波により，大きな被害となる。

②**北海道地方**…中心都市は**地方中枢都市**の**札幌市**。

- 自然…オホーツク海に**流氷**。太平洋岸で**濃霧**。
- 開拓…明治時代から**屯田兵**らによって開拓。

- **アイヌの人々**…北海道を中心にくらす日本の**先住民族**。

- **石狩平野**…**客土**により泥炭地を改良→稲作地帯。
- **十勝平野**…じゃがいもなどの**大規模な畑作**。
- **根釧台地**…大規模な**酪農**。

得点UPポイント 東北地方の夏祭り

ねぶた祭→**青森県**	七夕まつり→**宮城県**
竿燈まつり→**秋田県**	花笠まつり→**山形県**

▲東北地方

▲北海道地方

4 身近な地域の調査

- 地形図の見方…**国土地理院**が2万5000分の1や5万分の1の地形図を発行。
- 縮尺…実際の距離を地図に表すために縮めた割合。縮尺が大きいほど詳しく表される。

- **実際の距離＝地図上の長さ×縮尺の分母**

- 方位…ふつう，地図の上が北の方位を指す。
- 等高線…同じ標高の地点を結んだ線。2万5000分の1地形図で10m，5万分の1地形図で20mごとに引かれる。

古代までの日本と世界

1 文明のおこりと日本の成り立ち

①人類の出現と進化…約700～600万年前に猿人が出現→火を使う原人→直接の祖先の新人。

②旧石器時代…氷河時代。**打製石器**を使用。

注意！ ③新石器時代…**磨製石器**と**土器**を使用。農耕や牧畜が始まる。大河の流域で古代文明。

④日本の旧石器時代…大陸と陸続き。**岩宿遺跡**。

注意！ ⑤縄文時代…縄文土器を使用し、たて穴住居に住む。貝塚。**三内丸山遺跡**（青森県）。

⑥弥生時代…弥生土器を使用。稲作が広がる。青銅器・鉄器が伝わる。**吉野ヶ里遺跡**（佐賀県）。
- 国々の誕生…争いの発生→支配者が出現。邪馬台国の女王卑弥呼が魏に使いを送る。

⑦古墳時代…大和政権の大王が九州地方から東北地方南部までの豪族をしたがえた。

◎**重要** ● 古墳文化…**大仙古墳**など前方後円墳。土製の**はにわ**。渡来人が技術・文化を伝える。

▲四大大文明

▲縄文土器

▲弥生土器

2 古代国家の歩み

◎**重要** ①聖徳太子…冠位十二階、十七条の憲法、遣隋使の派遣など。法隆寺→飛鳥文化。

②大化の改新…**中大兄皇子**・中臣鎌足らが蘇我氏をたおす。公地・公民の原則。

◎**重要** ③律令制度…701年に**大宝律令**を制定。中央に二官八省。都から地方に**国司**を派遣。

④平城京…710年に奈良に都を移す。

⑤農民の生活…班田収授法で6歳**以上**のすべての人に口分田を支給。租・調・庸の税や兵役の義務。

⑥遣唐使…唐の制度や文化をとり入れるため、何度も派遣。唐から鑑真が来日→唐招提寺。

⑦奈良時代の文化…正倉院の宝物。歴史書の『**古事記**』『**日本書紀**』、和歌集の『**万葉集**』。
- 天平文化…国ごとに国分寺、都に東大寺を建てた**聖武天皇**のころの仏教文化。

⑧平安京…794年に**桓武天皇**が京都に都を移す。坂上田村麻呂の東北遠征。最澄が**天台宗**、空海が**真言宗**を伝える。

◎**重要** ⑨摂関政治…天皇が幼少のときは**摂政**、成長すると**関白**の職について行う政治。藤原道長・頼通父子のころに最盛。

⑩国風文化…遣唐使の停止。仮名文字の広まり→紫式部の『**源氏物語**』、清少納言の『**枕草子**』など。貴族の寝殿造。

〈中央〉
神祇官（神を祭る仕事）
太政官（一般の政治） → 左大臣・太政大臣・右大臣

| 中務省 |
| 式部省 |
| 治部省 |
| 民部省 |
| 兵部省 |
| 刑部省 |
| 大蔵省 |
| 宮内省 |

〈地方〉
国（国司）― 郡（郡司）― 里（里長）

〈九州〉
大宰府

▲律令国家のしくみ

得点UPポイント
地方の反乱の指導者

平安時代、朝廷に反抗したのは、蝦夷の族長アテルイ
江戸時代、幕府に反抗したのは、アイヌの首長シャクシャイン

10

1 武士の登場と成長

①地方の反乱…武士の成長→**武士団**の形成→**平将門・藤原純友の乱**→武士の力で鎮圧。

②院政… 1086 年に**白河上皇**が開始。院に**荘園**の寄進が集中。**僧兵**が勢力をのばす。

重要 ③**平氏の政権**…**保元の乱**，**平治の乱**ののち，1167 年に**平清盛**が**太政大臣**になる。

● 日宋貿易…清盛は**兵庫**の港を修築し，**宋**との貿易に力を入れた。

2 鎌倉幕府と元寇

重要 ①鎌倉幕府… **源頼朝**は，1185 年に**守護・地頭**を置き，1192 年に**征夷大将軍**に任じられて幕府を開いた。

注意! ● 将軍と**御家人**…**御恩**と**奉公**の主従関係で結ばれた。

②執権政治…**北条氏**が執権の地位を独占。1221 年に**後鳥羽上皇**が**承久の乱**をおこす→幕府の勝利。

● **御成敗式目〔貞永式目〕**…**北条泰時**が制定。

③武士の生活…農村に住み，武芸の修練にはげんだ。

④農業の発達…**二毛作**の広まり，牛馬の利用など。

⑤鎌倉文化…力強い武士の文化。**東大寺南大門の金剛力士像**（**運慶**ら），軍記物の『**平家物語**』など。

注意! ● 新しい仏教…**法然の浄土宗**，**親鸞の浄土真宗**，**一遍の時宗**，**日蓮の日蓮宗**など。**栄西**と**道元**が**禅宗**を伝える。

重要 ⑥**元寇**…モンゴル帝国の皇帝**フビライ・ハン**が国号を**元**に改め，2 度にわたって襲来。集団戦法と火器で日本軍を苦しめる。

⑦幕府の滅亡…**後醍醐天皇**の挙兵に**足利尊氏**らが応じ，1333 年に鎌倉幕府はほろんだ。

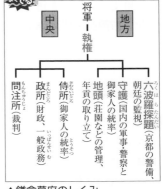

▲鎌倉幕府のしくみ

ミス注意!
将軍の補佐役

| 鎌倉幕府は**執権** |
| 室町幕府は**管領** |

3 南北朝の内乱と室町幕府

①南北朝の内乱…**後醍醐天皇**の**建武の新政**→**足利尊氏**が京都に別の天皇を立て，征夷大将軍に任じられる→後醍醐天皇は**吉野**に移る。

②室町幕府… 1392 年に南北朝の統一に成功した**足利義満**が幕府の力を強める。

③東アジアとの関係… 1404 年に義満は**明**と**勘合貿易**を開始。朝鮮では**李成桂**が**朝鮮国**を建国。

● **倭寇**…中国・朝鮮半島の沿岸で海賊行為。

▲室町幕府のしくみ

4 民衆の生活と室町文化

①産業の発達…**定期市**の回数増加。**馬借・問〔問丸〕**の活動。同業の商工業者による**座**。

②民衆の成長…農村に**惣**とよばれる自治組織。都市では**町衆**などによる自治。
- 民衆の抵抗…農民たちは**土一揆**をおこす。加賀では**一向一揆**が守護大名をたおす。

◎重要 ③応仁の乱…**足利義政**のあとつぎ争いなどから，1467 年におこり，京都は焼け野原になる。

- **下剋上**…下の身分の者が実力で上の者をたおす風潮。

④戦国大名…城下町の建設，**分国法**の制定。

注意! ⑤室町文化…**金閣**を建てた義満のころに北山文化，**銀閣**を建てた義政のころに**東山文化**。**観阿弥・世阿弥**が能を大成。**雪舟**が水墨画を大成。**書院造**の建築。

近世の日本と世界

1 ヨーロッパ世界の発展と天下統一

①大航海時代…**コロンブス**がカリブ海の島に到達。**マゼラン**船隊が世界一周に成功。

注意! ②ヨーロッパ人との出会い… 1543 年，**種子島**に漂着した**ポルトガル**人が鉄砲を伝える。1549 年，イエズス会の宣教師**フランシスコ・ザビエル**がキリスト教を伝える。

◎重要 ③**織田信長**… 1573 年に**室町幕府**をほろぼす。
- **楽市・楽座**…**安土城**下で実施。商工業の活性化が目的。

◎重要 ④**豊臣秀吉**…壮大な**大阪城**を建設。1590 年に全国統一を達成。2 度にわたり**朝鮮**を侵略→失敗。
- **兵農分離**…**太閤検地**と**刀狩**→武士と農民の身分を区別。

⑤**桃山文化**…豪華・壮大な文化。**姫路城**などの**城**。

▲姫路城 (完成は江戸時代)

2 江戸幕府の成立と鎖国

①江戸幕府の成立…**徳川家康**が関ヶ原の戦いに勝利→ 1603 年に幕府を開く。

注意! ②大名の統制…**親藩・譜代大名・外様大名**をたくみに配置。**武家諸法度**を制定。

◎重要 - **参勤交代**…大名は 1 年おきに領地と江戸を往復。

③身分制度…**武士**が**百姓**（農）と**町人**（工商）を支配。

④朱印船貿易…東南アジア各地に**日本町**ができる。

注意! ⑤鎖国… 1637 年，**島原・天草一揆**→ 1639 年，ポルトガル船の来航禁止→ 1641 年，**オランダ商館**を**長崎**の**出島**に移す。

			将軍			
大阪城代	京都所司代	寺社奉行	若年寄	老中	臨時の職	大老
（西国大名の取りしまり）	（朝廷と西国大名の監視）	（寺社の取りしまり）	（老中を助ける）	（政務全般）		
				遠国奉行（幕府の財政，幕領の監督，重要な都市の支配）	勘定奉行	町奉行（江戸の町政）	大目付（大名の取りしまり）

▲江戸幕府のしくみ

❸ 産業の発達と幕府政治の動き

①農業…**新田**の開発→耕地の増大。**備中ぐわ・千歯こき**などの農具の利用。**商品作物**の栽培。

②**株仲間**…商工業者の同業組合。

③都市の発達…江戸・大阪・京都の三都が繁栄。

④交通の発達…**東海道**などの五街道を整備。

⑤**徳川綱吉**…**儒学〔儒教〕**を奨励。生類憐みの令。

◎重要 ⑥**享保の改革**… 8 代将軍**徳川吉宗**が行う。質素・倹約の奨励，**上げ米の制**の実施，**目安箱**の設置，**公事方御定書**の制定など。

⑦**田沼意次**…株仲間の結成を奨励，銅・海産物の輸出の奨励など，積極的な経済政策を行う。

◎重要 ⑧**寛政の改革**…老中**松平定信**が行う。ききんに備え農村に**倉**を設ける。旗本の借金を帳消し。学問の統制。

◎重要 ⑨**天保の改革**…老中**水野忠邦**が行う。**株仲間の解散**，出版・風俗の取りしまりなど。

● **大塩の乱**… 1837 年，もと幕府の役人の**大塩平八郎**が大阪で挙兵→幕府に衝撃。

▲千歯こき　▲備中ぐわ

▲都市と交通の発達

得点UPポイント
江戸時代の民衆の抵抗

百姓一揆…百姓が農村でおこした
打ちこわし…町人が都市でおこした
いずれもききんのときに多発

❹ 新しい学問と町人文化

①**国学**…『**古事記伝**』を書いた**本居宣長**が大成。

◎重要 ②**蘭学**…オランダ語の書物を通じて西洋の学問・技術を学ぶ。

● 『**解体新書**』…**前野良沢・杉田玄白**らが翻訳・出版。

③教育…庶民の子どもは**寺子屋**で読み・書き・そろばんなどを学ぶ。

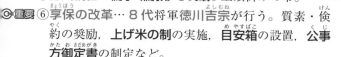

ミス注意！
国学と蘭学

国学…日本人の固有の考え方を明らかにする学問
蘭学…オランダ語を通じてヨーロッパの知識・技術を学ぶ学問

元禄文化	文化	化政文化
17 世紀後半から 18 世紀初めにかけて	時期	19 世紀前半
上方中心の町人文化	特色	江戸中心の町人文化
井原西鶴…浮世草子とよばれる小説 近松門左衛門…人形浄瑠璃の台本 松尾芭蕉…俳諧を大成	文学	世相を風刺する狂歌や川柳が流行 十返舎一九…こっけい本 与謝蕪村・小林一茶…俳句
俵屋宗達・尾形光琳…装飾画を大成 菱川師宣…浮世絵を始める	絵画	喜多川歌麿…美人画の錦絵 葛飾北斎・歌川広重…風景画の錦絵

▲江戸時代の文化

近代の日本と世界

1 欧米諸国の近代化と日本の開国

①**近代市民革命**…イギリスで 1642 〜 49 年にピューリタン革命→ 1688 年に名誉革命→議会政治が確立。

● **アメリカ独立戦争**… 1776 年に独立宣言を発表。イギリスから独立後，三権分立の合衆国憲法を制定。

◎重要 ● **フランス革命**… 1789 年に人権宣言を発表→共和制に。**ナポレオン**が台頭し，皇帝になる。

②**産業革命**…生産と社会のしくみが変化。**イギリス**は 18 世紀後半に達成→「世界の工場」に。

◎重要 ③**欧米諸国のアジア侵略**…中国〔清〕は**アヘン戦争**でイギリスに敗れ，**南京条約**で香港をゆずる。

● **インド大反乱**… 1857 年，イギリスが鎮圧→植民地化。

④**ペリー**…アメリカ東インド艦隊司令長官。1853 年に**浦賀**に来航し，幕府に開国を要求。

注意! ● **日米和親条約**（1854 年）…**下田・函館**を開港。

● **日米修好通商条約**（1858 年）…貿易を開始。**領事裁判権**を認め，**関税自主権**がない。

⑤**江戸幕府の滅亡**…**安政の大獄**→尊王攘夷運動が盛り上がる→薩摩藩・長州藩が攘夷に失敗→**薩長同盟**が成立→ 1867 年に**徳川慶喜**が**大政奉還**→**王政復古の大号令**→戊辰戦争。

2 明治維新

注意! ①**明治維新**… 1868 年に五箇条の御誓文→基本方針を示す。版籍奉還・廃藩置県→中央集権国家を確立。

◎重要 ②**富国強兵**…学制の発布，徴兵令の実施，**地租改正**。

● **地租改正**…地価の 3%の地租を**現金**で納めさせる。

③**殖産興業**…近代産業を育成。**富岡製糸場**などの官営（模範）工場を設立。**鉄道**の開通。北海道の開拓。

④**文明開化**…都市を中心に欧米の文化が普及。

⑤**外交**…**岩倉使節団**（欧米の政治・社会を視察）。樺太・千島交換条約（樺太をロシア領，千島列島を日本領）。

▲三角貿易

▲幕末の開港

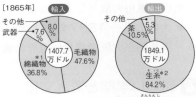

[1865年] 輸入 / 輸出

*1 綿糸をふくむ　*2 まゆ，蚕卵紙をふくむ

（「日本経済史3 開港と維新」）

▲開国後の貿易のようす

▲明治初期の外交

ミス注意! 版籍奉還と廃藩置県

版籍奉還…旧藩主が土地と人民を政府に返す

廃藩置県…藩を廃止して，府・県を置く

3 立憲国家の成立と日清・日露戦争

▶重要 ①自由民権運動…板垣退助らが民撰議院設立(の)建白書
を提出→国会開設の勅諭→自由党・立憲改進党の結成。

②内閣制度…1885年に伊藤博文が内閣総理大臣に就任。

▶重要 ③大日本帝国憲法…君主権の強いドイツの憲法を参考に
草案を作成→1889年に発布。天皇に強大な権限。

④帝国議会…衆議院と貴族院。衆議院議員は制限選挙。

注意 ⑤条約改正…陸奥宗光が領事裁判権〔治外法権〕の撤廃,
小村寿太郎が関税自主権の完全回復に成功。

▶重要 ⑥日清戦争…1894年に甲午農民戦争→開戦。
● 下関条約…台湾・遼東半島を獲得→三国干渉で遼東半島を返還。

⑦日露戦争…1902年に日英同盟→1904年に開戦。

▶重要 ● ポーツマス条約…南樺太などを獲得。

得点UPポイント
伊藤博文でたどる明治時代の歴史

(長州藩士, 尊王攘夷運動)
↓
岩倉使節団に参加
↓
初代内閣総理大臣
憲法草案起草
↓
立憲政友会初代総裁
初代韓国統監

4 近代産業と近代文化

注意 ①産業革命…日清戦争前後に軽工業, 日露戦争
前後に重工業の分野で進展。

②社会問題…低賃金・長時間の労働→労働者は
労働組合を結成。社会主義のめばえ。

● 足尾銅山鉱毒事件…田中正造が政府を追及。

ミス注意! 講和条約を区別!

下関条約(日清戦争)…台湾, 遼東半島などを
獲得。賠償金あり
ポーツマス条約(日露戦争)…南樺太などを獲
得。賠償金なし

文学	夏目漱石・森鷗外・樋口一葉
日本画	フェノロサと岡倉天心が復興
西洋画	黒田清輝が印象派の画風を紹介

▲明治時代の文化

二度の世界大戦と日本, 現代の日本と世界

1 第一次世界大戦と日本

①第一次世界大戦…1914年にサラエボ事件→開戦。
● ロシア革命…レーニンの指導で社会主義政権を樹立。

②国際協調…1919年にパリ講和会議→ベルサイユ条約を結
ぶ。国際連盟の発足。ワシントン会議→海軍軍縮。

注意 ③アジアの民族運動…中国で五・四運動。朝鮮で三・一独立運
動。インドでガンディーがイギリスに自治を求める運動。

▶重要 ④大正デモクラシー…吉野作造が民本主義を主張。米騒動の直
後に原敬が本格的な政党内閣を組織。小作争議や労働争議。

▶重要 ⑤普通選挙法…25歳以上の男子に選挙権。治安維持法の制定→共産主義を取りしま
り。

⑥大正時代の文化…文化の大衆化。白樺派や芥川龍之介の文学。ラジオ放送の開始。

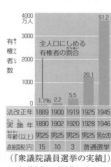

法改正年	1889	1900	1919	1925	1945
実施年	1890	1902	1920	1928	1946
年齢(以上)	男25	男25	男25	男25	男女20
直接国税(円)	15	10	3	普通選挙	

(『衆議院議員選挙の実績』)

▲有権者の増加

(グラフ: 4000万人, 3000, 有権者数 2000, 1000, 0. 全人口にしめる有権者の割合 1.1% 2.2 5.5 20.1 51.2)

2 日本の中国侵略と第二次世界大戦

①世界恐慌…1929年，**ニューヨーク**で株価暴落→深刻な不景気が全世界に波及。

注意! ● 対策…イギリス・フランスは**ブロック経済**，アメリカは**ニューディール政策**。

②ファシズム…ドイツで**ナチス**，イタリアで**ファシスト党**が全体主義の政治を行う。

③満州事変…1931年に関東軍が鉄道爆破→満州を占領→**満州国**建国→1933年に国際連盟を脱退。

④軍部の台頭…1932年に五・一五事件→政党政治が終わる。1936年に二・二六事件。

⑤日中戦争…1937年に**盧溝橋**事件→戦争が始まる。
● 戦時体制…国家総動員法の制定，**大政翼賛会**設立。

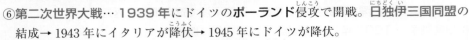

▲満州国

⑥第二次世界大戦…1939年にドイツの**ポーランド**侵攻で開戦。日独伊三国同盟の結成→1943年にイタリアが降伏→1945年にドイツが降伏。
● 太平洋戦争…1941年に日本軍が**真珠湾**を奇襲し，マレー半島に上陸。大戦が拡大。

◎**重要** ● 日本の降伏→1945年，広島・長崎に原子爆弾投下→**ポツダム宣言**を受諾→敗戦。

3 戦後日本の発展と国際社会

①**戦後改革**…連合国軍最高司令官総司令部〔GHQ〕の指令。**極東国際軍事裁判**。**教育基本法**の制定。

◎**重要** ● 経済の民主化…財閥解体。農地改革→**自作農**の増加。
● 日本国憲法…**国民主権**，基本的人権の尊重，平和主義。

②国際連合…1945年に発足。安全保障理事会の設置。

③冷戦〔冷たい戦争〕…資本主義陣営と共産主義陣営が対立。

注意! ④国際社会への復帰…1951年，サンフランシスコ平和条約を結んで独立を回復。同時に日米安全保障条約を結ぶ。1956年に日ソ共同宣言→国際連合への加盟が実現。

◎**重要** ⑤近隣諸国との関係…韓国と**日韓基本条約**。中国と**日中共同声明**，**日中平和友好条約**。

よくでる

●自作地と小作地の割合

1940年	自作地 54.5%	小作地 45.5%
1950年	89.9%	その他0.2%

●自作・小作別農家の割合

1940年	自作 31.1%	自小作 42.1%	小作 26.8%
1950年	61.9%	32.4%	その他0.6%

（『完結昭和国勢総覧』）

自作農…大幅に増加
小作農…大幅に減少

▲農地改革による変化

ミス注意! 明治維新と戦後改革

	明治維新	戦後改革
土地・税	地租改正	農地改革
教育	学制	教育基本法

4 これからの日本と世界

◎**重要** ①冷戦の終結…1989年にベルリンの壁が崩壊→東欧の民主化→1991年にソ連の解体。

②国際社会…ヨーロッパ連合〔EU〕の発足。**湾岸戦争・イラク戦争**などの地域紛争。

現代社会の特色，日本国憲法

1 現代社会の特色

▶重要 ①**少子高齢化**…子どもの数が減り，高齢者の割合が増える傾向。**核家族世帯**が多い。

②**情報化**…ＩＣＴ〔**情報通信技術**〕の発達により進む。**情報リテラシー**が重要。

▶重要 ③**グローバル化**…人，もの，お金，情報が国境を越えて自由に移動することで進む**世界の一体化**。各国が得意な製品を生産・輸出し，不得意な製品を輸入する**国際分業**が進む。

④**文化**…科学，芸術，宗教。年中行事などの伝統文化。

⑤**社会ときまり**…人間は**社会的存在**。社会の対立を，**公正・効率**の観点に基づくルールにより，合意へ。

12月	11月	10月	9月	8月	7月	6月	5月	4月	3月	2月	1月
クリスマス・大晦日	七五三・立冬	秋祭り	月見・秋分・彼岸会	十五夜・お盆	七夕	夏至	端午の節句・立夏	花見・花祭り	桃の節句（ひな祭り）・春分・彼岸会	節分・豆まき・立春	正月・初もうで
冬至・ゆず湯				立秋・お盆		しょうぶ湯				バレンタインデー	小正月

▲日本のおもな年中行事

2 日本国憲法

▶注意！ ①**人権思想の発達**…ロック，モンテスキュー，ルソーらによって確立。

②**憲法**…国の基本を定めた**最高法規**。

▶重要 ● **日本国憲法**…1946年11月3日に公布，1947年5月3日に施行。**国民主権**，**基本的人権の尊重**，**平和主義**が基本原則。

▶重要 ③**国民主権**…国の政治を決める**主権**は国民が持つ。**天皇**は**日本国と日本国民統合の象徴**。

▶重要 ④**基本的人権**…人が生まれながらに持つ権利。

● **平等権**…法の下の平等。差別解消のための**バリアフリー**。

● **自由権**…**生命・身体の自由**，**精神の自由**，**経済活動の自由**。

● **社会権**…ドイツの**ワイマール憲法**が初めて定める。**生存権**，**教育を受ける権利**，**勤労の権利・労働基本権**。

● **人権保障を実現する権利**…選挙権・被選挙権，請願権，**裁判を受ける権利**など。

▶注意！ ● 国際的な人権保障…国際連合による**世界人権宣言**，国際人権規約，子ども〔児童〕の権利条約など。**ＮＧＯ**〔**非政府組織**〕が活動。

● **公共の福祉**…社会全体の利益。権利の濫用（らんよう）を制限。

● **国民の義務**…子どもに普通教育を受けさせる義務，勤労の義務，納税の義務。

⑤**平和主義**…**憲法第9条**が**戦争の放棄**，**戦力の不保持**，**交戦権の否認**を規定。**非核三原則**を掲げる。自衛隊が国連の**平和維持活動〔PKO〕**に参加。

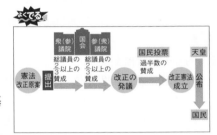

よくでる

▲憲法改正の流れ

得点UPポイント

新しい人権をささえる制度

知る権利→情報公開制度
プライバシーの権利→個人情報保護制度
環境権→環境アセスメント〔環境影響評価〕
自己決定権→インフォームド・コンセント

1 民主政治のしくみ

①民主政治…直接民主制と間接民主制〔議会制民主主義〕。

②選挙の原則…**普通選挙，平等選挙，直接選挙，秘密選挙**。

◎重要 ● 小選挙区制…1選挙区から1名の代表を選出。

◎重要 ● 比例代表制…政党の投票数に応じて議席を配分。

③政党…政権を担当する**与党**と，政権に加わらない**野党**による**政党政治**。

④世論…**マスメディア**により形成→国民が**メディアリテラシー**を持つことが重要。

2 国会

①国会の地位…**国権の最高機関，国の唯一の立法機関**。衆議院と参議院の二院制〔両院制〕。**常会，臨時会，特別会，参議院の緊急集会**。

> **ミス注意！** 衆議院の優越
>
> **衆議院の優越**が認められるのは，予算の先議・議決，条約の承認，内閣総理大臣の指名，法律案の議決。内閣不信任決議権は衆議院だけが持つ

◎重要 ②国会の仕事…**法律案の議決・予算の議決・条約の承認・内閣総理大臣の指名**（衆議院が優越），裁判官の**弾劾裁判**，**国政調査権**の行使，**憲法改正の発議**など。

3 内閣

◎重要 ①内閣…**行政権**を持つ。**内閣総理大臣〔首相〕**と**国務大臣**が**閣議**で意思決定。国会の信任に基づき，国会に対して連帯して責任を負う**議院内閣制**をとる。行政に携わる**公務員**は，**全体の奉仕者**。

②内閣の仕事…**法律案や予算の作成・条約の締結・政令の制定・最高裁判所長官の指名**など。

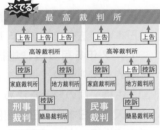

▲三審制

4 裁判所

◎重要 ①裁判所…**司法権**を持ち，裁判を行う。最高裁判所と下級裁判所。**司法権の独立**により，他の機関から干渉されない。

注意！ ②裁判の種類…**民事裁判**と**刑事裁判**。重大事件の刑事裁判は，国民が参加する**裁判員裁判**で実施。**三審制**により，裁判を慎重に行い，人権を守る。

◎重要 ③**三権分立**…権力の集中による弊害を防ぐしくみ。

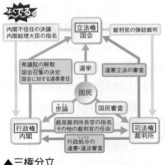

▲三権分立

5 地方自治

①地方自治…「**民主主義の学校**」。

②地方公共団体〔地方自治体〕…**都道府県，市区町村**。首長と地方議会議員は選挙で選出。

◎重要 ③**直接請求権**…**条例の制定，監査，議会の解散，首長・議員の解職**などを請求できる。

④地方財政…自主財源に乏しく，国からの**地方交付税交付金**や**国庫支出金**などに依存。

経済と財政

❶ 消費生活と流通

注意! ①家計…**消費生活**を営む。**消費支出**や**貯蓄**。

②**消費者保護**…**消費者基本法**や**製造物責任法**〔**PL法**〕，**クーリング・オフ制度**など。

③**流通**…商品が生産者から消費者に届くまでの道筋。**卸売業・小売業**などが関わる。

❷ 生産と労働

注意! ①**企業**…生産を担当。**公企業**と**私企業**（代表が**株式会社**）。**社会的責任〔CSR〕**を負う。

重要 ②**生産の集中**…自由競争の結果，**寡占**や**独占**の状態に→**独占禁止法**を運用する**公正取引委員会**が企業活動を監視。

③**労働**…**労働基準法**が労働条件の最低基準を定める。不安定な**非正規雇用**が増加。

❸ 価格と金融

重要 ①**市場価格**…需要量＞供給量→価格は上昇，需要量＜供給量→価格は低下。

でる ②**公共料金**…国や地方公共団体が決定・認可。

③**日本銀行**…日本の**中央銀行**。**政府の銀行，銀行の銀行，発券銀行**。

注意! ④**為替相場**…各国の通貨の交換比率。

❹ 財政と国民生活

重要 ①**財政**…政府の経済活動。税金をもとに**社会資本・公共サービス**を提供。日本銀行の**金融政策**とともに，**財政政策**で景気の安定をはかる。

● 国の歳入…税や**国債**（国の借金）など。

● 国の歳出…**社会保障関係費**や**国債費**（借金の返済）など。

重要 ②**社会保障制度**…**生存権**を保障するための制度。**公的扶助**，**社会保険**（介護保険など），**社会福祉，公衆衛生**の４つの柱

③**環境保全**…**環境基本法**をもとに，**環境省**が環境行政を進める。

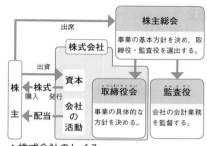

▲**株式会社のしくみ**

得点UPポイント 金融政策と財政政策

	不景気（不況）のとき	好景気（好況）のとき
日本銀行の金融政策	銀行から国債などを買い，資金の貸し出しを増やそうとする	銀行に国債などを売り，資金の貸し出しを減らそうとする
政府の財政政策	支出を増やす，減税を行う	支出を減らす，増税を行う

でる

	直接税（納税者と負担者が同じ）	間接税（納税者と負担者が異なる）
国税	所得税，法人税，相続税など	消費税，関税，酒税，揮発油税など
地方税	道府県民税，市町村民税など	地方消費税，入湯税など

▲**おもな税金**

輸入品のバッグ

1ドル＝100円 → 円高 → 1ドル＝80円
1000ドル＝10万円 → 1000ドル＝8万円
輸入が有利（輸出は不利）

輸出品の自動車

1ドル＝100円 → 円安 → 1ドル＝120円
300万円＝3万ドル → 300万円＝2万5000ドル
輸出が有利（輸入は不利）

▲**円高・円安**

国際社会

1 主権国家と地域主義

①**主権国家**…他国に干渉されない主権を持つ国。

◎重要 ②日本の領土問題…日本の領土である**北方領土**は
ロシア連邦，竹島は**韓国〔大韓民国〕**が不法に
占拠。**尖閣諸島は中国**が領有権を主張。

注意! ③**地域主義**…特定の地域で国々がまとまり，政治・
経済などの統合・協力を目指す動き。**EU〔ヨー
ロッパ連合〕**，**ASEAN〔東南アジア諸国連
合〕**，**APEC〔アジア太
平洋経済協力会議〕**など。

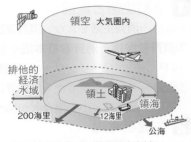

▲国家の領域と排他的経済水域

2 国際連合

◎重要 ①**しくみ**…総会，安全保障理
事会，経済社会理事会，国
際司法裁判所などの主要機
関と多くの専門機関。**平和
維持活動〔PKO〕**を行う。

▲おもな地域統合組織

◎重要 ②**安全保障理事会**…世界の安全と平和の維持に
強い権限を持つ。**拒否権**を持つ**5常任理事国**
（米・英・仏・中・ロ）と10非常任理事国。

3 国際問題

◎重要 ①**経済格差**…先進国と発展途上国の間の**南北問
題**，発展途上国の間の**南南問題**。先進国は**O
DA〔政府開発援助〕**による経済援助を行う。

◎重要 ②**地球規模の環境問題**…**酸性雨，砂漠化，熱帯
林の破壊**など。地球温暖化は，京都議定書に
かわる**パリ協定**で，各国が温室効果ガスを削減。

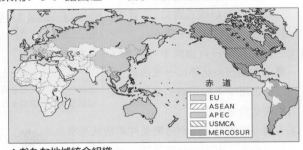

◎重要 ③**地域紛争**…民族・宗教の対立からおこる。多くの難
民が発生→**UNHCR〔国連難民高等弁務官事務所〕**
が保護にあたる。

④**核軍縮**…**核拡散防止条約**（1968年調印），**核兵器禁
止条約**（2017年採択，2021年発効）。

⑤**持続可能な社会**…国際連合が**SDGs〔持続可能な
開発目標〕**を採択し，実現をめざす。

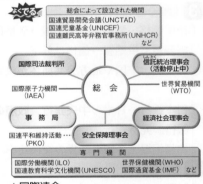

▲国際連合

ミス注意! 京都議定書とパリ協定

京都議定書（1997年）→…温室効
果ガス排出の削減義務は先進国のみ
に
パリ協定（2015年）→先進国も発
展途上国も温室効果ガス排出の削減
に取り組む